看不見的更重要

面對恐懼、消除不安，改變四萬人的奇蹟掃除術

船越耕太

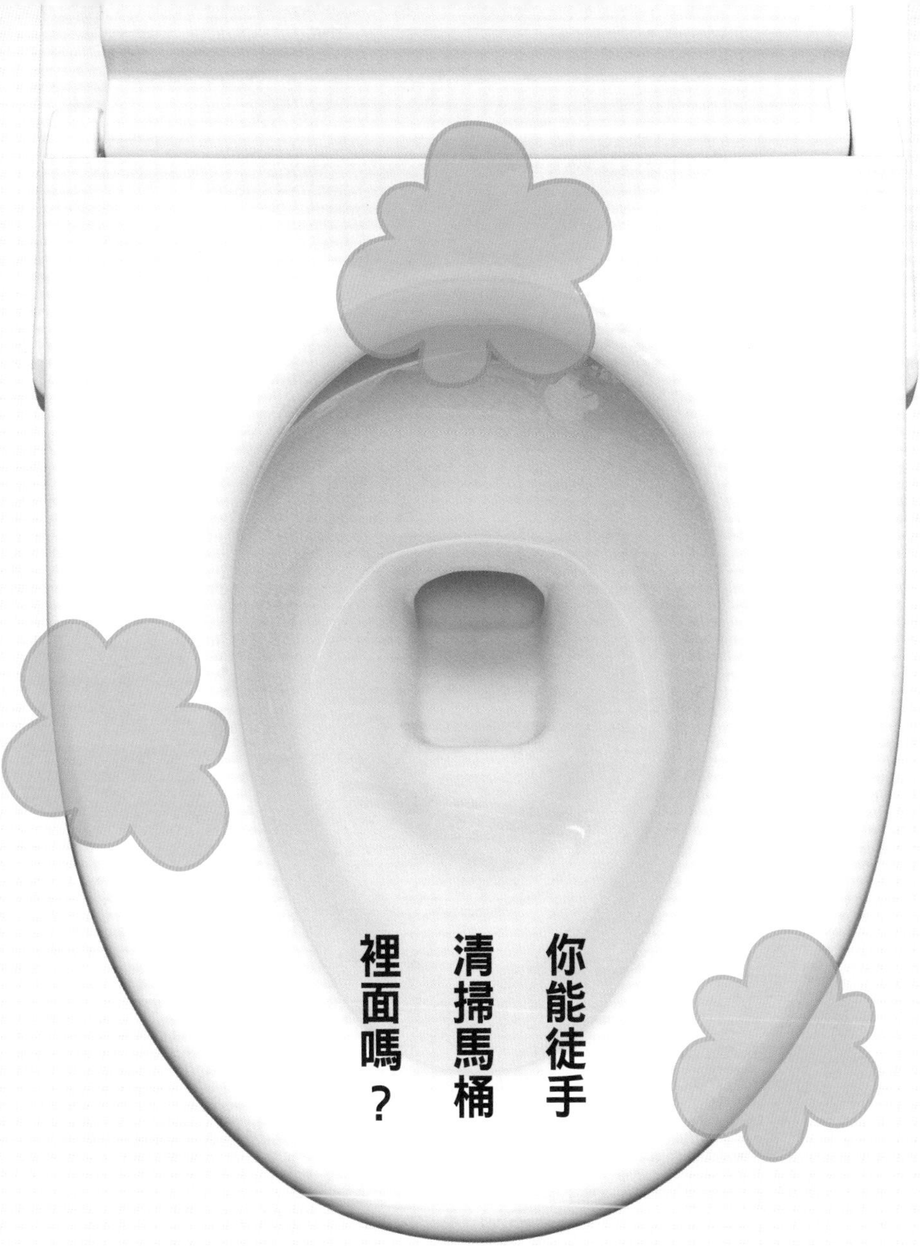
你能徒手清掃馬桶裡面嗎？

如果你能毫無躊躇遲疑地清掃，
那也許你並不需要這本書。
因為你的心理障礙已經完全去除，
能夠如實無虛地活出自我。

如果你躊躇遲疑著不能徒手清掃廁所裡的馬桶，
也不必擔心。
因為覺得「不能」是理所當然的。
能夠徒手伸入不知道被誰使用過的馬桶裡，
這種人恐怕只有百分之〇・一吧。

可是，請試著想像一下。

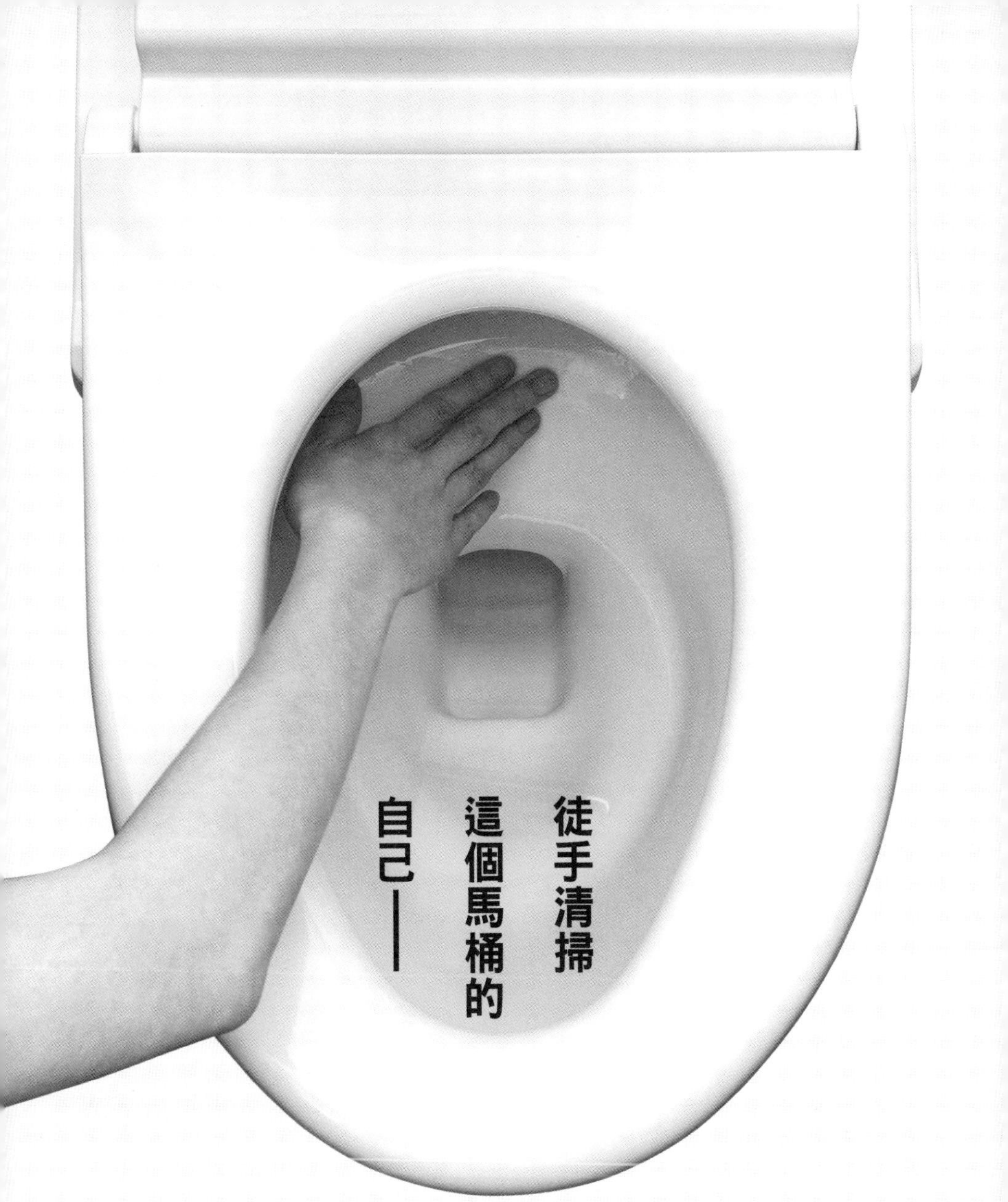

徒手清掃
這個馬桶的
自己——

欸？不行不行不行不行不行不行!!

我明白。最初我也是這樣。

但是，持續用這個方法，我的人生有了戲劇性的轉變。

這不是夢話，也不是不可思議的故事，

其中有實實在在的道理。

「既然你都說到這個分上……」

戰戰兢兢地把手伸進去的你大概是這麼想的吧。

嗚哇哇哇哇哇啊！好髒啊！不行了！

原本我也很排斥，一心只想逃跑。

不過，試著再更深入一點吧。這時候需要拿出勇氣挺住。

在洞的最深處，表面上看不見的地方很容易堆積髒汙。

溼溼黏黏、髒兮兮的。

東西或許會沾到手上。
不行了！太噁心了！現在馬上就想逃。
觸摸到不該觸摸的東西了……
或許有些人覺得全身發癢。
但是，再稍微努力一點，請再試著忍耐一下。

刷刷刷刷刷刷。
擦擦擦擦擦擦。
刷刷刷刷刷刷。
擦擦擦擦擦擦。

汙穢澈澈底底地刷淨脫落。
馬桶閃閃亮亮地呈現眼前。

或許你的心還是有點騷動不安。
不過，會這麼覺得也是必然的。

感覺有某個心理障礙
就此去除了……

這個細微的心境變化，
將是大大改變未來人生的重要因素。

想都沒想過要正視的汙穢、
完全不想清掃的地方，
更要刻意去觸碰，讓它閃閃生輝。

這麼一來——

自己從來不想正視的負面情緒，
或是無法控制、深植內心的問題，
會一口氣產生反應，
自己也就此開始轉變。

我一直這麼認為，
將看不見的地方打掃得閃閃生輝，
是**改變潛意識**的唯一方法。

擦亮看不見的地方，
看得見的地方也會閃閃發亮。

可能有些人會覺得這番話太不可思議，
但毫無例外，任何一個人都能親身感受到。
打掃之後，自己發生了一點點心境上的變化。

因此，在閱讀這本書之前，請改變先決條件。
打掃的最終目的，

不是擦拭房間，
而是擦拭自己。

如此一來，打掃就不會是百般不願做的事，
也不是被強迫才做的事，
而會變成一件讓人樂在其中、很想很想做的事。
好，接下來我要談談
改變人生的奇蹟掃除術。

前言

大家好，我叫船越耕太。以一塊抹布讓人生閃閃生輝是我的職業。

曾經，我非常討厭打掃。

順便一提，曾經我也非常討厭自己。

和哥哥、妹妹比起來，我資質駑鈍，做什麼都笨手笨腳，而且身體虛弱，生性靦腆，總覺得自己沒有什麼值得誇讚之處。

一直過著這樣鬱鬱寡歡的生活，直到某一天，父親對我說：

「選一件你不擅長或討厭的事，只要一件就好，每天持續做下去。超過一

千遍，人生就會有所改變。」

因為父親這句話，我開始了原本超級討厭的廁所打掃工作。用海綿清洗馬桶，用抹布擦拭地板。

每天每天，在心無旁鶩、埋頭堅持的過程中，我漸漸地不再使用海綿，而是徒手清洗馬桶。抗拒感消失了，不只是廁所，從水龍頭、玄關到起居室等，打掃觸目所及之處成為我的每日例行工作。

從此，我全年無休、辛勤打掃，住飯店時打掃飯店的房間，住朋友家時打掃朋友的家。

從開始打掃的那一天起，經過了六千九百三十五天。

全年無休、堅持打掃的結果，我變得怎麼樣了呢？

各位想知道吧？（笑）

我……就這樣寫起書來了（笑）。

我做的事並非什麼困難的事。

只是每天埋頭堅持打掃，這件誰都會做的事。

僅僅是如此，但堅持下去之後——

•••我被某餐飲業的社長慧眼識中，受聘為「打掃顧問」。

•••我受到其他企業的邀請，打掃之後，對方獲利提高了百分之一百五十。

•••某位社長對我說：「付多少錢都沒問題，希望你過來幫我清掃這裡的馬桶。」

•••關於我的傳聞散布開來，我受邀主持打掃研討會。

•••依靠口耳相傳，我每年主辦一百場以上的演講。

•••「人生轉變了」、「和家人的關係改善了」等等，實踐這個方法的人傳來這樣的回響。

⋮

「把這魔法般的掃除術寫成書如何？」我接到出版社的邀約。

如今，我的人生走到這裡（笑）。

我的人生，因打掃而轉變了。不過，我並不是特殊的個案。有四萬人實踐我的掃除術，紛紛向我傳來喜悅的回響。

在此我要先聲明，我不是占卜師，也不是風水師，無法斷言打掃能夠「提高金錢運」或是「改善健康運」。這方面不是我的專長。但是，我可以肯定的是，實踐這個方法的人有一個共通點，就是感受到「因為打掃，人生有了很大轉變」。

只有這點，是可以確定的。

或許有些人半信半疑，但我以長年累積的經驗，帶著自信斷言：

打掃，可以改變人生。

但是，有祕訣。

祕訣是，**打掃是為了創造「自己與物品都歡喜的空間」**，而不是以不擁有物品或單純地把房間打掃乾淨為目的。

世界上沒有困難的事情，為什麼呢？因為完全取決在你的一念之間。

帶著「打掃好麻煩啊」或是「怎麼都是我做這種事……」之類的忿懣、怨言等負面情緒，無論怎麼打掃，人生都不會變得更好，甚至只會變壞。

呼吐出來的「感情」會留存在物品與空間裡。

就像你聽到謝謝時會感覺愉悅，物品與空間也會出現相同現象；就像你被人嫌棄、討厭時會感到悲傷，物品與空間也會出現相同現象。

「真是莫名其妙的話。」或許有些人會皺起眉頭這麼想。最初抱持懷疑也沒關係，請先動手試試看。因為，不花一毛錢，試試也沒有損失（笑）。

如果各位對這個「改變人生的奇蹟掃除術」萌生興趣，一天一分鐘也好，每天持續地去做，進而感受到人生開始往好的方向轉變，對我來說，沒有比這更快樂的事了。

船越耕太

目錄

第3章 一億日圓在誰都不想觸碰的地方沉睡

目錄

第4章 用打掃磨練自己，真正能改變人生的掃除術

第 1 章

看不見的汙穢就是對現實的不安與憂慮

為什麼打掃廁所能去除心理障礙？

在本書開頭的部分，請各位體驗了徒手清掃馬桶。當時感受到「心理障礙解除」，究竟是什麼樣的心理障礙呢？

這種心理障礙就是所謂的偏見（固有觀念）。

清掃廁所是很討厭的偏見；

清掃廁所是很麻煩的偏見；

清掃廁所是很骯髒的偏見。

隨著去除這種偏見的障礙，大家應該會體驗到一種解放的感覺、鬆一口氣的爽快感。

這種障礙是人生中最棘手的問題。即使有想要做的事情，卻被這種偏見拖累；即使有想要前去的方向，卻被這種偏見阻擋。

更棘手的是，**因為持有這種障礙，而無法放開內心深處的負面情緒，以及面對現實時產生不安與憂慮**。很想要放開卻放不開，就算下定決心：「好，從今天起要正面思考！」也無法輕易放開。為什麼呢？因為這類的情緒，是過去的經驗與思維的累積，存在意識之外、無法控制的「潛在意識」之中。

我們的意識，概分為「顯在意識」和「潛在意識」。如第三十一頁的圖所示，經常被譬喻為「浮出海面的冰山」，顯在意識為突出於水面的部分，屬於「能夠自覺」的領域；而潛在意識為隱藏在水面下「無法自覺」的領域。一如所見，潛在意識壓倒性地占據了大部分，比例上約占百分之九十五～九十七。

雖然無法自覺，但我們的思維與現實所創造的，其實是潛在意識。**沒能自覺到的「隱藏的意識、感情」，卻是能夠自覺的意識的根基**。

如圖所示，顯在意識與潛在意識之間存在的心理障礙，即是「不可能順利進行」、「不可能辦得到」之類負面的偏見。這種心理障礙會隨著年齡增長、失敗的經驗、他人的批評等而逐漸形成。

如果控制思維與現實的是潛在意識的話，就有必要將變得負面的潛在意識轉為正面。

為了轉換潛在意識，首先要去除心理障礙，而快捷便利的方法就是「清掃廁所」。

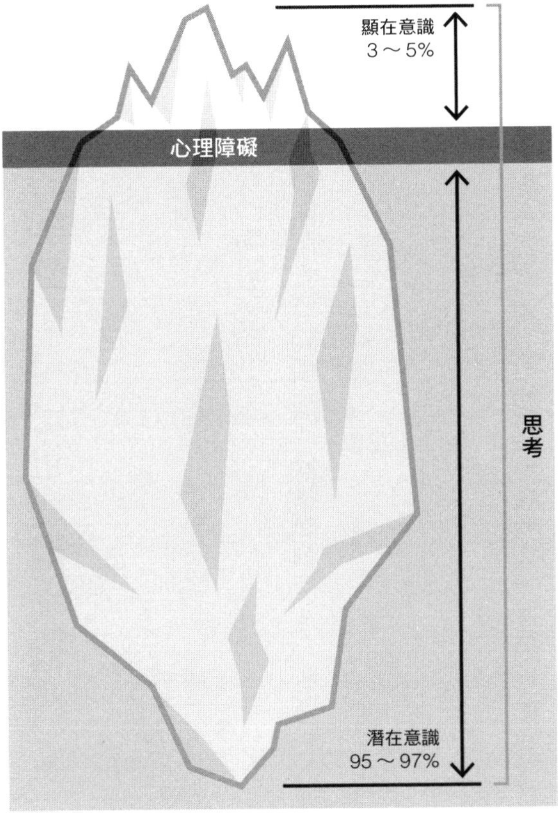

顯在意識與潛在意識　例：浮出海面的冰山

擦亮看不見的部分，自己也變得快樂

在這裡，請容許我聊一點自己的故事。

我為什麼開始清掃廁所，本書開頭的部分雖簡單提過，但關於這個原點請讓我更詳細地陳述。

我的雙親在日本岡山縣吉備高原的深山裡經營一家由古老民宅改建的民宿「百姓屋敷和樂」。從六歲開始，和比我年長兩歲的哥哥、年幼三歲的妹妹一起在家幫忙，是我每日的例行工作。

「和樂」為客人提供的自然飲食，是採用能充分提引出蔬菜本身自然清甜的疊煮料理法烹調而成。因為品嘗過的客人口耳相傳「吃了身體狀況變好」，來客絡繹不絕，民宿生意興隆，父母每天都非常忙碌。

所以我從六歲開始便擔負各種工作：為準備浴池熱水而砍柴、清掃廁所、午餐和晚餐後洗碗。除了上學的時間以外，從清晨到深夜，沒有停歇。

所謂的洗碗，是每天兩百個以上的碗盤。洗碗處分成四個水槽，預洗、洗潔劑洗、泡熱水、瀝乾擦拭放回原處……三兄妹並排輪流，漫漫無盡，日復一日。

特別是晚上的洗碗工作最為難熬，經常要洗到超過深夜十二點。很睏、很想睡，但沒洗完不能睡，老實說當時真的洗得非常不情願。

除此之外，對食物有很多堅持的雙親，完全無法接受學校營養午餐裡那些以噴灑過大量農藥的進口小麥所製成的麵包。所以不讓我們兄妹吃學校的營養午餐，要我們帶便當到學校。

雖說是便當，卻不是學童便當裡常見的漢堡排和炸蝦之類的，而是醬汁浸菠菜、煮豆等茶色系的菜肴，醃蘿蔔等發酵食品也必定會放進便當裡面。

最糟糕的是炎炎夏日，因為是發酵食品，就像字面上的意義，會發酵。所以同學們會說：「耕太很臭。」我也知道他們並不是說我很臭，小孩子就是想到什麼就說什麼。「我不要跟你一起吃」、「你很臭，給我滾出去吃」，當時被同學這麼說，讓我很受傷。

所以每到營養午餐時間我就假裝肚子痛，然後捧著便當躲進廁所，坐在裡面吃便當。

不擅長的事如果堅持做一千遍，人生將有所改變

對青春期的我來說，儘管明白父母是為自己好，還是想和同儕一起玩、一起吃營養午餐，就算零食含有添加物也還是很想吃。可是，父母絕對不允

許。

另外，我因為虛弱多病、身體瘦小，曾經受到霸凌。

基於這種種原因無法適應學校生活的我，在中學一年級的第一學期向父親提出了退學的想法，父親回道：「我很贊成你退學。」彷彿完全不在乎這是義務教育。然後父親說：

「選一件不擅長或討厭的事，只要一件就好，每天持續做下去。超過一千遍，人生就會有所改變。」

父親居然一口答應退學的事，我反而突然不安起來，因此下定決心每天去上學（笑）。

當時，我把父親的人生歷程，回想了一遍。

出生沒多久，醫生宣告我「患有化膿性腦膜炎及腦水腫，恐怕很難存活」，但父親還是把我的病治好；開始經營民宿的第一年完全沒有客人，即便如此，父親還是相信客人會來而買齊拖鞋迎客；對和樂遇到的種種刁難排擠，父親都以正面積極的態度圓滿解決。

我親眼見證一路走來無論面對什麼都積極以對、漸漸扭轉人生的父親，於是決定試著去相信父親的話。

自己不擅長的事，是什麼呢？我開始思考。讀書寫字不擅長、數學計算也不擅長，不過最不擅長的應該是「清掃廁所」。

清掃民宿的廁所對我來說，是件非常痛苦的事。因為客人毫不客氣地把每個角落弄髒，最受不了的是廁所臭氣薰天。尤其喝醉酒的客人入住時，情況更是慘烈。

我不介意清掃自己弄髒的地方，但很不願意清掃別人弄髒的地方。而且，民宿有四間廁所，上學之前不得不把廁所清掃乾淨，這對我來說實在苦不堪言。

然而，討厭清掃廁所的我，卻很喜歡廁所這個空間。

在學校吃父母為我準備的便當時、被班上同學欺負時，總是逃進廁所，一個人躲在狹窄的空間，很能靜下心來。

除此之外，隨著和樂的聲名遠播，父親也成了公眾人物，被許多人圍繞追捧。外出時，身為和樂民宿的兒子，總被大人們評頭論足。每次都不得不在大人面前扮演好孩子，也讓我覺得十分難受。

每當這樣的時刻，只要進入廁所，我都能在自己專屬的空間裡放鬆下來。廁所，是讓我最能做自己的所在，也是非常特別的所在。

看不見的汙穢就是對現實的不安與憂慮

不擅長清掃廁所，卻很喜歡廁所這個空間。基於這個理由，我決定每天上學之前把民宿的廁所清掃一遍。

不過老實說，最初的一年，是為了獲得讚美才清掃的。「能夠堅持清掃廁所，真是了不起啊！」被人這樣稱讚我很開心，不知不覺就繼續下去。

可是，經過了一年，由我來清掃廁所變得理所當然，漸漸地誰都不再給予讚美。既然沒人注意，偷懶一下吧……這樣的心情也浮現出來。

然而，要放棄一整年一日無休堅持不歇的廁所打掃，是需要決心的。「要是知道會這麼煩惱，早點放棄就好了……」這種微妙的情緒也出現了。

於是我再一次好好地思考，然後發現自己並不是真的這麼討厭清掃廁所。那麼，「既然如此，就試著繼續下去吧。」

清掃廁所的第二年，究竟是為了什麼而做，目的不明確，心情也一直不開朗。縱使這樣，我還是每天每天繼續清掃。

清掃廁所的第三年，內心開始有了餘裕，可以慢慢觀察廁所的空間。清掃時明明對每個角落都瞭若指掌，卻莫名地對廁所這個空間在意起來。我對這個莫名的微妙情愫很在意，決定好好珍惜這個小小的內心變化。

於是我試著從各種角度觀察空間，坐在馬桶上、躺在地板上、環抱著馬桶，漸漸看見平時不會看到的暗處。表面上看起來非常乾淨，但在看不見的地方，不，是沒想過要去看的地方，堆積了相當多的灰塵與汙垢。

我試著把這些在意的部分清掃一遍，花時間仔細地把這些過往覺得「反正看不見沒關係」的部分清掃一遍。

之後，有什麼變化嗎？

出乎意料之外，心情變得輕鬆了，舒適感與幸福感也滿溢出來。

同時，我發現自己一直以來只看見表面上的汙穢，卻背對著看不見的部分。兩年來持續清掃廁所，卻對不想觸碰的地方一直視而不見。

發現了這一點，當我終於能夠毫無抗拒地全盤接受一直背對的部分、去除對汙穢的偏見時，我從內心深處產生了「面對現實的不安與憂慮」被解除消去的感覺。

這個發現成為「改變人生的奇蹟掃除術」的原點。

莫名有點在意、莫名惴惴不安的感情，是某種變化發生的前兆。因此，當這種感覺湧現時，停下來、試著觀察空間。尤其看不見的部分、沒想過要去看的部分，要特別注意去看。

我認為，**在「不想看見的地方」、「不想看見的物品」裡，存在著那個人在人生中潛意識無法釐清的情感**。

因為不安與憂慮等感情的阻滯，所以我們故意只看表面，結果，在平時意識不到的地方，也就是隱密的地方及不想看見的地方，會堆積汙垢、囤積物品。

這些地方藏著感情與過去的疙瘩、對未來的不安與恐懼，因此，為了將之去除，「將看不見的地方打掃得閃閃發亮」非常有效。

養成抱持「疑問」獲得「發現」的習慣

看不見的地方閃閃發亮之後，一直以來無法整理的感情也照到光芒。就這樣，心理障礙漸漸去除，自己抱持的不安與憂慮也漸漸看得清楚。情感無法釐清的時候，要把自己敞開是讓人恐懼的，然而一旦坦誠後就不會再恐懼。人之所以恐懼，是因為看不清楚。看清楚、發現本質是什麼，恐懼也會隨之消失。

大家應該也有過同樣經驗。平時無意識避開的地方、視而不見的囤積物品之處……請好好正視、刻意去尋找，然後試著把這些地方清掃乾淨，相信你也可以體會到心理障礙消除的感覺。

「帶著意識去面對」一直以來沒有意識到的地方及物品，也就是「抱持疑問」。抱持「疑問」，答案自然會浮現，這即是「發現」。

• • • 有沒有視而不見的物品？

• • • 有沒有假裝沒發現的地方？

• • • 有沒有當作不存在的物品？

抱持類似的「疑問」，然後，得到了類似的「發現」。

• • • 一直對廁所的死角視而不見。

• • • 壁櫥內囤積了物品。

• • • 窗戶完全沒打開、也沒人進去的房間。

把發現到的這些地方及物品清掃乾淨、收拾整齊，會有什麼改變呢？「空間」改變了。

感覺窒息的空間、沉重鬱悶的空間、神清氣爽的空間、感覺放鬆的空間等，從空間傳遞出各種各樣的感受，可以藉由親身體驗而了解。當負面形象的「空間」轉為感覺舒適的空間時，內心的執著、心理障礙也會自然而然地消散。結果，會有什麼樣的轉變呢？「自我肯定感」將會提升。

我經常聽人說：「內心沉穩的人，周遭也會打掃整理得井井有條。」但我的想法恰恰相反。

正是**因為確實地把周遭打掃整理得井井有條，所以內心沉穩，自我肯定感提升**。

並非置身整潔的環境，自我肯定感就會提升；而是為了讓空間整潔實際去清掃、付諸行動、身體力行、用抹布擦拭，所以自我肯定感提升。

「汙穢」正是自己軟弱的部分

本書掃除術的關鍵在於，**把看不見的部分及隱密的地方當作重點**。看不見的部分是，廁所的陰暗處、馬桶洞的深處、洗臉檯及浴室的排水口、廚房的換氣扇、道路排水口的積水處等。

若住在那裡的人或在那裡工作的人感情上有阻滯，看不見的部分就會堆積汙垢，藉由打掃，空間裡充滿美好的氣氛，在裡面的人也會朝氣蓬勃。然後，自己長久以來執著的事物、不安、憂慮等就會漸漸消失，「本來的真我」也開始散發光澤。

事實上，看得見與看不見的部分之間的關係，和前文提到的顯在意識與潛在意識之間的關係是相同的。看得見的部分為顯在意識，看不見的部分為潛在意識。看見的地方容易清掃，相對地也比較清潔，看不見的部分總是不經意地拖拖拉拉，「之後再做吧」、「會有誰幫我做吧」，大多數時候連那裡存在著汙穢都完全沒發現。

然而，只清掃看得見的地方，就和不擦拭內在，僅僅穿上漂亮衣裳、化上俏麗彩妝來粉飾外在是一樣的。那樣的人，或許乍看之下美麗，相處之後卻發現沒有內涵、破綻百出。

另一方面，外在不經修飾但內在豐富精采的人，談話之中吐露深度，散發人格魅力。

換言之，內在精采的人，去除了心理障礙，清楚了解原本的自己，沒有修飾外在之必要，只是單純地存在，就顯現出自身之美。

因此，**如果想要擦亮內在，就要先清掃看不見的部分**。清掃看不見的部分，將生出各種各樣的「發現」，內在也必定變得豐富精采。內在精采的人本身也變得精采。

正視自己不想看見的部分，本來的真我就會發出光澤

在打掃研討會上，參加的學員看到我徒手清掃馬桶、徒手伸入深處清除汙垢，通常都會發出驚叫聲。雖然本書開頭已經請各位體驗過，但實際上看到似乎衝擊力更加強大。

可以讓人感受到如此衝擊力的廁所打掃，實在很厲害吧（笑）。

為什麼廁所打掃會給人這麼大的震撼呢？

馬桶洞深處看不見的汙垢是自己視而不見、不想觸碰的內心疙瘩，大概就像是把這些一一把捉住的感覺。

又或許是把不想被人看見的自己拉扯出來的感覺。

「汙穢」正是自己軟弱的部分。軟弱的部分、一直想著「算了吧」放任不管的部分，在自己存在的空間裡看不見的地方，堆積了汙垢。

雖然將自己軟弱的部分永遠放任不管也沒有什麼不好，但不得不面對它的時刻終究會來臨。如果有軟弱的部分，人際關係、工作等各個領域終會面臨瓶頸，跌倒受挫。

換言之，**打掃看不見的地方，即是觸碰自己人生中掩蓋的感情**。

我也經常在孩子們面前，徒手清掃馬桶，他們不但沒有發出驚叫聲，反而發出歡呼聲。「我也要試試看！」、「我也要！」帶著好奇心躍躍欲試。孩子們還沒有心理障礙，也沒有感情的阻滯與疙瘩，所以完全沒有抗拒。孩子們看起來很快樂，是因為沒有心理障礙，保持真正的自我。

因此，對於徒手清掃廁所的抗拒感消失時，也就是心理障礙去除，將自己坦誠敞開的證據。我也有自己尚未發現的心理障礙，不過藉由打掃，已經能讓自己越來越坦蕩蕩。如今，每當看到別人弄髒的東西，就像看到寶物。為什麼呢？因為那裡有去除自己「心理障礙」的鑰匙。

所以，我是這麼想的。

別人不想清掃的地方堆藏了寶物，越清掃那些地方，自己就越發光發亮，幸福快樂也會反饋回來。投出去的東西、自己發出去的東西，必定會回饋給自己，此乃宇宙法則。擦拭物品，自己也會被擦拭。聽起來很簡單，卻是毫無例外的宇宙法則。

如果能夠擦亮暗處，就具備看透本質的能力

從這個角度思考，「清掃」或許是一種儀式，藉此去正視自己一直以來

敷衍以對的每件事物、捫心問問自己究竟想要過怎樣的生活。

我參與其中的「和樂計畫」是一個以「培養不讓災害擊潰的身心」為目的的計畫，自二〇一一年起，從福島帶著小孩前來參加的許多家庭，在民宿「和樂」體驗大約一個月的生活。

抱著年幼的孩子，面對核電廠問題深感不安但拚命保護孩子的母親。我們衷心希望讓這樣的母親和孩子，透過清掃以及對生命很重要的膳食，了解對自己而言真正重要的事物到底是什麼。

最初，滿臉不安的參加者，經過一個月持續執行「改變人生的奇蹟掃除術」，內心的障礙去除了，確切面對自身各式各樣的問題，進而感受到讓自己發光發亮、活著的快樂。

如果沒有實際持續一個月好好感受，或許會一頭霧水；實際持續之後，每位參加者都帶著和參加之前截然不同的表情踏上歸途。

藉由面對一直不願正視的汙垢、實際擦拭暗處，內心的障礙得以去除，內裡也會被擦亮，我是如此確信。擦拭內裡，即是思考如何讓表面發光發亮。

如果能夠擦亮暗處，就能具備看透本質的能力。不被外表所左右，能夠正視內在的本質。

堅持不懈地清掃，漸漸看見真正的目的

我向很多人傳授了「改變人生的奇蹟掃除術」，但無論怎麼傳授，當中還是有些人會感到抗拒，對於每天都要清掃感到鬱卒。

我了解。我曾經也非常討厭。

對於這樣的人，我會傳授以下方法：**一天清掃三秒，試著持續二十一天。**

我最初也很討厭，所以一直不情不願地清掃。

不過，我沒有放棄。現在回想起來，這就是差別所在。

雖然不情不願但堅持下去，心情會漸漸轉變。

國中畢業後，我追隨已經在紐西蘭華德福學校求學的哥哥，前往紐西蘭留學。在紐西蘭度過的六年時光裡，我在寄宿家庭也每天持續打掃。

英文完全沒進步的我，除了打掃以外一無是處，所以決定要持續打掃。

不過，可能有些人會不太喜歡別人擅自打掃自己的家，所以等到夜深人靜我才重點式地清掃在意的地方。最常清掃的是廚房和廁所裡會接觸到水的地方，譬如今天決定只把水龍頭清洗乾淨，就在深夜埋頭把它擦得亮晶晶。

決定要清掃的地方，是我在意的地方。擦拭我在意的地方，我的心也被擦拭。我的心被擦拭，我就笑容滿面。如此一來，周圍的人也願意幫助我，漸漸地願意把工作交給我……

例如：本來在寄宿家庭一直無法好好用英文與人溝通，後來，「可以幫忙割草嗎？」寄宿家庭的成員開始請我幫忙，我們慢慢有了話題、有了交集。對於生性害羞的我來說，僅僅是這樣也開心不已。

之後，雙親決定要好好享受人生，於是讓全盛時期的和樂暫時休業，帶著妹妹一起來到紐西蘭。

我也搬出寄宿家庭，開始和家人一起在外租屋生活。過了一陣子，由於越來越多人從日本來到紐西蘭參觀父親的生活方式，於是父親將紐西蘭的住宅對外開放，經營起名為「和樂紐西」的旅館。在和樂紐西，父親除了以自製套餐款待賓客，也主辦有機市場巡禮參觀團等。

我則一邊幫忙到機場迎接參觀團的客人、提供觀光遊覽服務等，一邊繼續學業。

縱使過著這樣的生活，我也沒有鬆懈地堅持打掃廁所，因此內心產生另一層的變化。

打掃的目的改變了。在此之前，我一直想著要「清掃乾淨，清掃乾淨」，可是如今開始實際感受到打掃可以擦拭心靈，**目的也轉為「擦拭內心，擦拭靈魂」**。

比起打掃乾淨，更重要的是「堅持下去」

即使最初不情不願，如果一直堅持到打掃的目的改變，之後便無須費勁也能繼續。

所以，剛開始就算一天三秒也沒關係，請試著連續二十一天，認真、用心地打掃。比方說，用抹布把玄關脫鞋的位置擦拭三遍，或是用抹布把桌子擦拭三遍；只要三秒就夠了。

至於為什麼是二十一天？因為日本人有「二十一天祈願」的說法，是讓人容易接受的期限。想到要持續一個月，可能有些人會覺得提不起勁，若是三個星期感覺好像比較輕鬆（笑）。

如果一天只要三秒，誰都辦得到。只要把一天三秒持續二十一天，是不是覺得似乎辦得到呢？

可能有人會想：「三秒才不可能變乾淨。」

沒關係，因為對不擅長打掃、想到要打掃就鬱卒的人而言，現在必須跨越的障礙是「堅持下去」。

如果能夠持續，即使不情不願也會漸漸變得乾淨。因此，現在不必思考變乾淨的事，首先，請把誰都辦得到的打掃「堅持下去」當作重心。

在堅持的過程中，內心一點一點放鬆，感受到空間漸漸變得舒適。一般人單是聽別人的經驗分享不太會付諸行動，可是一旦自己實際感受到，就會認真且確切地身體力行。

身體一旦習慣打掃，持續也不覺得痛苦，過程中我們的心境會轉變，進而目的也會改變。

不懂經營策略的我，為何能提升營業額？

十八歲在紐西蘭度過，對我來說是極大的轉捩點，我遇見了生命中的伯樂。他就是以東京首都圈為事業中心的飯糰連鎖店「OMUSUBI權米衛」的岩井社長。岩井社長也是從日本到訪「和樂紐西」的其中一位客人。

無論怎麼學習都無法流利地用英文與人對談的我，經常被哥哥和妹妹當成笨蛋，只有父親理解我對打掃的熱忱，還不時在和樂紐西的客人面前稱讚我：「耕太每天絕不偷懶地清掃廁所和廚房爐具」、「就算已經深夜兩、三點，如果水槽沒清乾淨，他的手絕不停歇」等。

OMUSUBI權米衛的岩井社長到訪的時候，父親想必也說了類似的話吧。不知道岩井社長是期待我能藉由打掃改變什麼，還是純粹覺得有趣，但他對我說：「回到日本後如果找不到工作，就來我的公司。雖然要從打工開始，但如果你能來工作會幫我很大的忙。」

我的內心雖然雀躍，但也坦承自己除了打掃什麼都不會，然後岩井社長說：「來打掃就好。」承蒙社長賞識，回到日本後我正式到OMUSUBI權米衛打工。

過去的我不斷嘗試錯誤，從中學習，打掃只是為了自己而做，但現在它第一次轉換為金錢收入。

在公司裡，我的職位感覺有點像是社長直屬的特殊部隊，社長的指示是：「做什麼都可以，只要拿出成績來。」

雖然社長如此指示，但我對經營策略完全一竅不通。不過，工作的本質是人，光顧過的客人是否願意再光顧，與空間的營造緊密相關，這一點，我從民宿和樂及和樂紐西的經驗中已領悟到了。為了營造出這樣的店，在店裡工作的人的心情影響頗大。

然而，我畢竟是新人，無法否定店裡資深員工的想法，儘管想提高大家的工作意識，彼此的心意還未相通，不可能好好地傳達。

我絞盡腦汁想了又想，決定和店裡的空間好好相處。

「和空間好好相處」，大家可能覺得我又說了奇怪的話，但我是真心相信「唯一的辦法是透過改變空間的氣流」。如果空間的氣流轉變了，全體店員將心意相通，這樣的想法在我心裡逐漸成形。

心無旁騖地用抹布擦拭而漸漸發現的事

在那之後的三個月，我化身為打掃小弟澈底地打掃，蹲在地板上心無旁騖地用抹布擦拭地板。一邊擦拭地板，一邊感受店裡的空氣。

我一直埋頭專注用一塊抹布擦拭地板，不知不覺間開始聽到頭頂上方傳來有人說話的聲音。有些人說公司壞話，也有人說些具建設性的意見。或許大家都覺得我只是個打掃小弟，就毫無防備地聊起內心話，完全沒有想過會被聽到。

在這樣的狀態下，我從大家的談話中，逐漸得知公司的人際關係、大家對公司的想法。

除此之外，觀察人的腳也可以得知那個人的習慣與身體狀況。譬如，一直把重心放在右腳的人，自然而然身體會往右傾斜，長時間站著工作容易疲憊，工作士氣也會低落。當事人沒意識到這點，所以沒察覺，此時我如果對他的習慣提出善意忠告，對方也會歡喜地回應：「挺直站著確實變輕鬆了。」

還有，向穿著涼鞋的人介紹透氣良好的產品、向疲憊不堪的人關心他的身體狀況……

最初的三個月透過抹布清掃，我看見了平時看不見的部分。

另外，也注意到哪些地方大家沒有清掃，觀察店裡的汙穢在哪裡，又連帶影響哪些地方。然後發現換氣扇及水槽的排水口堆積了許多汙垢。沉積的苦悶情緒轉為換氣扇及排水口的汙垢，空間也因此氣滯沉重。透過觀察汙穢、灰塵、空間，哪裡是問題所在也漸漸浮現眼前。

不過，我並沒有馬上把那些地方清掃乾淨。我自己清掃是很簡單的事，然而如此一來，就剝奪了他人發現的能力，而且突然清掃換氣扇及排水口，就像一直不願觸碰的情愫猛然被人抓住般，會讓大家感覺不快。**把打掃工作強加在別人身上，反而可能在空氣中產生滯阻。**

最初，我在規定的打掃時間內和大家一起清掃那些地方，純粹只在可行的範圍內清掃。在這樣的過程中，原本需要三十分鐘清掃的地方，十分鐘就清掃完畢，在大家稍作休息的時刻，我再把在意的部分速速清掃，漸漸地，沉積已久的汙垢也就此去除。

隨著汙穢洗淨，營業額也上升

在店裡，有一個大家都不想碰的地方，就是大型飲食店必備的淨化槽，名為「濾油池」（Grease Trap）的設備。因為餐廳廢水直接排出將造成汙染，所以法律明文規定必須先在店內消毒之後才能排出。

濾油池有各種大小，大型店鋪使用的相當大，而且油脂黏膩。打工的人都一邊抱怨「好髒」，一邊不情不願地清掃，如此一來名為「骯髒」的情緒就依附在物品上面。聽起來有點不可思議，但量子力學已經證實**觀察者的視線（意識）會對物品產生影響**。

大家也有過「說不上來為什麼，但就是不太想吃這家店的食物……」這種直覺吧。這類的感情，從看不見的空間無意識地傳達。

為了改變這種負面能量的氣流，我穿著西裝潛入淨化槽中，渾身泥垢地將汙垢一一清除。

因為我穿著西裝進入淨化槽，大家都目瞪口呆，但將汙垢連根拔起、澈底清除之後，實在是舒暢痛快。就這樣去除汙垢、和空間好好相處，店裡的氛圍越來越好，營業額也節節上升。

順便一提，神戶的居酒屋「Wakuwaku本鋪」及「御馳走酒房段」聽到這些傳聞也邀請我去打掃，而進行了同樣的打掃之後，他們的營業額也增加了百分之一百五十。

我發現汙穢動手清除時，員工也跟著發現汙穢，然後一起動員起來。結果，空間轉變了，客人也動了起來。這家店的飯糰和料理感覺好好吃，自然而然客人也開始聚集。

為什麼打掃之後，現實情況卻沒有改變？

在研討會上，當我分享自己因為清掃看不見及不想觸碰的部分而變得快樂的故事，大多數的參加者都會想：「那我也來試試！」然後戰戰兢兢地開始清掃一直以來不想觸碰的地方。

然而，如果是為了與家人的關係變好、治療疾病、提高營業額而打掃，很遺憾，這樣不但無法達到目的，反而會陷入惡性循環，只留下空虛。

我提出的**「改變人生的奇蹟掃除術」**的目的是**磨練自己**、**認可自己**。無論現在的自己是怎樣、現在抱持著的感情是如何，藉由把看不見的地方清掃乾淨而得到「發現」，消解鬱悶，進而認可自己，如實地接受自己，自然與家人疏離僵硬的關係也會變好、不調不順的身體狀況也會改善。**因為發現困擾自己的問題，起因全部都是自己，不再把責任推到別人身上，自己也會有所改變**。自己轉變了，周圍也會有所改變。在感覺舒適的人與空間圍繞下的自己，更加能夠自我肯定。無論是精神、或是生理方面的壓力都會減少。

即使打掃，人生也沒好轉的人，從一開始的目的和方法就不對。他們覺得困擾自己的問題不是出於自己內心，而是自己以外的地方；覺得「雖然搞不清楚，但感覺會帶來好運」，他們完全沒有得到「發現」，只是單純在打掃罷了。

幸福人生的關鍵是，相信看不見的東西是存在的

信賴、愛意、感謝、愉悅、悲傷、喜歡、討厭等情緒，無影無形，肉眼

看不見，但我們依據這些看不見的情緒，測量自己是幸福還是不幸。身體亦然，細胞、血管、內臟都無法一一親眼目睹，但我們深深明白沒有這些就無法存活。

儘管明白「看不見的事物」是如此重要，在實際生活中卻只重視表面看得見的事物，忽視看不見的部分。

細菌、灰塵也難以用肉眼看清楚，且灰塵的本質容易在看不見的地方堆積。因為看不見而不自覺地忽視，正視它、面對它就等於是「發現」存在於自己心中、平時容易忽視的「看不見的事物」。

打掃要先「滿足自己」接著才能「體貼他人」

我提出的掃除術，是有步驟的。

首先，要進行「滿足自己的打掃」，辦到了，才接著進行「體貼他人的打掃」。這個順序非常重要。

為什麼呢？自己尚未滿足，便無法做出讓人歡喜的打掃。覺得自己不幸福，便不可能體貼他人、由衷感謝他人。

例如：與家人同住的人，不得不清掃家人弄髒的地方。最常見的就是，因為廁所而起的不滿與怨言。

先生站著小便，濺到牆壁上變得黃黃髒髒，不得不清掃的妻子就會想：

「用廁所時怎麼都不為打掃的人設想一下……」幾乎所有人都是這麼想的吧。

為什麼會這樣想呢？因為妻子是想要讓對方認可才去清掃。家人都不幫忙，結果總是自己覺得很累、很辛苦，誰都不讚美，一句感謝的話都不給……

像這樣，**只以對方認可或不認可來決定價值的打掃，自己不會得到滿足，也不會喜歡自己。**

追根究柢，這當中藏有「希望老公用廁所時不要弄髒」的想法，也就是自己不改變，但希望對方改變的願望。遺憾的是，人只要抱著這樣的願望，對於清掃他人弄髒之處的抗拒感就會一直持續。

其實中學一年級我開始打掃的目的也是希望「被稱讚」，可是無論獲得多少讚美，剛剛清掃完畢客人就立刻弄髒，「為什麼把廁所弄得這麼髒！」

我曾經也常心存不滿。

可能是看到我的樣子，在民宿和樂工作的研習生對我說：「耕太，清掃廁所真的開心嗎」、「這樣的事，虧你辦得到」等。每次我內心都會反覆地問自己：「我到底是為了什麼清掃廁所呢？」

現在回想起來，就是因為太在意周圍的人如何看待自己，才會陷入「不清掃乾淨就得不到肯定」、「如果不好好清掃，自己就是沒用的人」的迷思。換言之，就是自己沒得到滿足，只是一味想著討好別人。

實踐「改變人生的奇蹟掃除術」到最後，對別人弄髒的汙穢也能滿心歡喜地清掃。為什麼呢？因為先澈底地滿足了自己。自己歡歡喜喜地打掃，諸如「滿腦子想著這是別人弄髒的汙垢」之類的心情也會消失。具體內容，我留待第三章再詳細解說。

第 2 章

擦亮看不見的地方，
看得見的地方也會閃閃發亮

「人類最大的罪，就是不快樂。」感情會殘留在空間與物品裡

關於這個掃除術的大前提，有一點希望大家事先了解。就是，**感情會殘留在空間與物品裡**。前面也提過數次，大家應該都親身感受過，雖是第一次踏足的地方，卻莫名地感覺不舒服，或是莫名地感覺舒服，諸如此類的氛圍。明明眼睛看不見，為何能知道？因為我們都具備解讀該處空氣的能力。

該處的空氣是如何形成的呢？是由該處的人所創造的。例如：若有一言不發、怒氣正盛的人在場，空氣中勢必瀰漫著劍拔弩張的緊張氣氛。德國詩人歌德有句名言：「人類最大的罪，就是不快樂。」實在是真知灼見。置身該處的人之感情，會殘留在空間與物品裡。

把城市打掃乾淨，犯罪案件也會減少

氛圍具備改變都市整體形象的力量。一九八〇年代，美國紐約每年發生六十萬件以上的暴力犯罪案件，進入九〇年代犯罪案件的數量卻大幅減少。

究竟發生了什麼事？原來，當時的紐約市公共運輸局局長大衛・岡恩（David L. Gunn）為了一洗紐約的犯罪都市形象，費時五年持續打掃地鐵，澈底清除畫在車廂上的塗鴉。

從此之後，紐約的暴力犯罪案件開始減少，在地鐵的發生率更減少了百分之七十五。比起取締犯罪，清除塗鴉更能減少犯罪案件，這個事實證明，藉由肅清整頓紊亂的空氣，該市居民的心情也轉變了。透過改變空氣，連都市整體的形象都能隨之改變，這個故事非常意味深長。

擦亮看不見的地方，看得見的地方也會閃閃發亮

以下文章中，有一句話我很喜歡：

〈表現在空氣裡〉

有一家門庭若市的壽司店。

「一定很好吃吧！」我心裡這麼想。

入店品嘗後，我明白，

不僅僅是好吃，光是坐在店內就感覺很舒適。

這家壽司店，不只重視來店光顧的客人，也重視提供貨源的商家，

真誠的待人之道遠近知名，

聽說供貨商家裡的很多員工都希望自己能夠負責和這家店接洽交易。

重視所有在工作上有關連的人，是這家店的經營理念。

這樣的理念也表現在店內。

表現在哪裡呢？在空氣裡。

「說不上來，就是感覺很舒適」這樣的空氣裡。

來店光顧的客人看不見壽司店重視供貨商家的態度。

不過，重視看不見之處的態度，確確實實地在看得見之處、在空氣中表現出來。

是的，你的愛也會表現在空氣裡。

文章出處不詳，但讀到這篇文章之後，**我更確信空間對人有莫大的影響力。**事實上，表面優良而暢銷的商品，如果內容品質惡劣，客人必定會漸行漸遠。

至今我參與了各式各樣飲食店的氣氛營造，無論我怎麼努力，若該店的店員自私自利、不想和麻煩事有瓜葛，店內氣氛不可能改善。很遺憾，這樣的店大多不滿三年就會面臨倒閉的命運。

空氣感的創造取決於置身該處的人之感情，所以空氣會因感情而改變。

譬如，飲食店員工對種植蔬菜的農家、捕捉魚類的漁夫等末端的人都溫柔以待，全店被關愛與感謝的感情所包圍，洋溢溫暖輕柔的氣氛。

雖然眼睛看不見，但人感受得到空氣，「莫名地」很想光顧那家店，結果生意就蒸蒸日上。

因為這類感情會創造出該處的氣氛，所以我們必須為自己的感情負責任。向周圍散播負面情緒，就像是四處散布自身的汙穢，距離舒適的空間會更加遙遠。為了讓阻滯的空氣一掃而空，藉由打掃來反觀自己是至為重要的功課。

珍惜愛護使用的物品及空間，決定了人生的幸福與不幸

你有帶著意識面對物品與房子嗎？

其實，如何使用自己住的房間、開的車子、持有的物品，很明顯和幸福互相連結。

曾經有一位飯店的經理告訴我一個耐人尋味的故事。專業棒球選手在比賽期間經常下榻該飯店，打出安打的選手入住的房間每次都收拾整理得井井有條。

據說，選手們住宿後的翌日早晨，負責換洗床單的清掃人員進入房間，有的選手的房間裡毛巾、床單、棉被丟得亂七八糟，有的選手則收拾整理得

井井有條；打出安打的選手，通常床單鋪得平整，棉被也摺得好好，毛巾集中放在浴缸內，房間有條不紊。

反之，平時井井有條的選手，若棉被亂成一團，當天則無法完美發揮，打出安打。

內心是否有餘裕、對自己使用過的空間是否珍惜愛護，決定了人生的幸福與不幸。

空間與物品代表了自己，懷著愛意打掃就是對自己溫柔

愛護空間與物品的選手，為什麼打出安打的比率較高？因為空間與物品都是那位選手的夥伴。

之前也提過，感情會殘留在空間與物品上，我覺得空間與物品並不只是無意義的存在，應該把它們當作有意識的生物來對待。

請試著想像雜亂無章的房間與井然有序的房間，從這兩個空間感受到的感情差距顯而易見。

進一步而言，我認為物品與空間等於自己的本質。如果創造出該處氣氛的是自己，存在於該處的物品與空間就是反映出自己，也就是自己的本質。如此思考，就會珍惜愛護物品與空間，心懷感恩地傳達謝意。**這樣一來，即是對自己溫柔，好的結果自然也會反饋給自己**。

我為空間與物品命名並以名字稱呼。就像我們被他人以名字稱呼時會歡喜一樣，若空間與物品有意識，我為它們命名並以名字稱呼，它們也會感覺受到呵護而歡喜，就一定會成為你的夥伴。

「搞笑諾貝爾獎」每年會頒獎表彰在世界各地進行獨樹一幟研究的個人與團體。二〇〇九年榮獲獸醫學獎的英國研究團隊證明，有命名的乳牛與沒有命名的乳牛相比，每頭乳牛每天增加了一公升的產乳量。關愛改變了結果。

在此要坦承一件有點難為情的事，我為馬桶取了「小甜心」這樣的暱稱（笑）。沒時間清掃廁所的時候，我會擁抱馬桶，和它對話，類似「小甜心，明天我會努力打掃的，今天對不起喔。親一下。」

真是像傻瓜一樣吧，我很清楚，但如果我是馬桶，與其被人皺緊眉頭、不情不願地打掃，肯定是無法打掃卻給個擁抱比較開心。

索尼的創辦人井深大先生曾說過：

「上班的媽媽們請在出門前擁抱孩子八秒鐘。」

據說這是讓忙碌的媽媽既不過分溺愛、又不過分忽視，且能好好傳達關愛的絕妙時間。所以，我擁抱馬桶的時間也是八秒鐘（笑）。

我很尊敬的一位新潟房地產公司的董事長，為自己的車取了「小

Estima」這樣的暱稱，總是帶著愛意一邊呼喚其名一邊擁抱愛車。

這位董事長說：「這臺車就是我。所以愛護車，我也閃閃發亮。雖然在房地產方面我並沒有多大本事，不知為何還是很多人說『想把房產交給你管理、想把房產給你看看』。我並沒有特別做什麼努力，不過，我讓重視的東西散發光澤，不知不覺間員工也發光發亮。」

對物品愛護珍惜的董事長所散發的氣質想必傳達給員工，自然而然人才也匯集過來。

大家請務必試一試。與家人同住的人，因為在家人面前做會相當不好意思（笑），一開始請先試著在獨處的時候做。

空間創造是置身該處的所有人的責任，所以，儘管只有一個人對空間貼心呵護，那個空間也會出現相當大的變化。

空無一物的生活真的好嗎？心裡舒適比追逐潮流更重要

「零亂的人就是懶人，這樣的想法是個誤解。房間與辦公室零亂，並不代表腦袋也零亂。」

資深撰稿人約翰・哈爾提瓦哥（John Haltiwanger）在網路媒體《Elite Daily》如此寫道。

他的主張是，井井有條固然很好，世界卻並非永遠處於井井有條的狀態，隨著時間流逝就會變得零亂。**不收拾整理的人深知此一事實，不為繁文縟節及習俗常規所約束；在零亂中自得其樂。**

愛因斯坦等成就豐功偉業的名人也有很多不擅長收納整理，往往在一片零亂之中電光石火間智慧閃現。

而且，**不收拾整理的人也有不為瑣碎細節傷神煩惱、能夠放眼整體並選擇身邊最重要的課題投入所有時間與精力的傾向。**

當今，斷捨離正值熱潮，極簡生活也蔚為風尚。如果因此可以清爽痛快、沒有壓力地生活當然很好；但我覺得在自己喜愛的物品圍繞下生活，也是非常美好的事。比方說，有滿坑滿谷的布娃娃陪伴就很安心、對古董小物愛不釋手、坐擁書城其樂融融……如果是這樣的話，房間內有布娃娃、古董小物、書籍，又有何不可？

面對流行風潮不輕易隨波逐流，在自己覺得舒適安穩的房子居住更為重要。我想要表達的並不是收納整理是壞習慣，或亂七八糟是壞習慣，而是無論前者或後者，都是有意識地面對物品與空間，只要這件物品對現在的你來說是不可或缺的，沒有這件物品心中就不踏實，那麼這件物品就是必要的。

如此一來，縱使同樣的零亂狀態，空間也會迥然不同。

讓分辨喜愛物品的感覺更加敏銳清晰

事實上，為了讓房間乾淨而打掃的人，追根究柢抱持著「自己的房間還不乾淨」、「無法弄乾淨的自己不好」這樣的想法，所以打掃過一次後隨即又打回原形。

那經常維持房間乾淨的人又是怎樣呢？經常維持房間乾淨的人是對自己喜愛的物品、不喜愛的物品有清楚認知的人。因為自己的感覺敏銳清晰，了解對自己而言什麼才是最需要的。

換言之，了解「自己想在怎樣的空間生活」、「想變成如何」的人，就會想要住在最適合自己的房子，創造出舒適的空間。

如果物品很少心情也舒暢愉快，當然很好；但如果把身外物斬草除根後感覺寂寞，那麼，重新思考自己真正喜愛的物品與不喜愛的物品究竟是什麼，也十分重要。

物品與空間受到的最大傷害是被忽視

物品與空間受感情的影響有多深？為了表現在肉眼能見之處，我用超市賣的吐司麵包做了一項實驗。

首先，將吐司麵包一片一片分裝在三個保存容器中，分別放在三個房間。然後對第一片麵包發出愛之呼喚「我愛你」，對第二片麵包怒吼「混蛋」，對第三片麵包則什麼都不說，只瞥了一眼就忽視。連續進行二十一天，周而復始。

幾天之後，如大家預期，三片都發霉了。不過，這三片有很大的差別。

二十一天後，我對它說「我愛你」的第一片麵包長了白色的黴，對它說

「混蛋」的第二片麵包長了藍色的黴，第三片被忽視的麵包上長滿了漆黑如墨的黴。

很多人進行過這個實驗，大多數情況下，都得到同樣的結果。

由此可知，空間與物品也能敏感地察覺人類的感情，「愛意」、「怒氣」、「忽視」全部都能傳達。黴菌只是如實反映出我們的內心。

怒吼的殺傷力比忽視更小，大概是因為憤怒的時候有交流、感覺被注意。也就是說，**沒有比被當作不存在的東西、被忽視，更難受的事。**

之前也提過，我的掃除術是為了認可自己。要認可自己，首先要實際感受空間與物品能夠領會你的感情。「即便是比他人笨拙愚鈍的自己，還是珍重愛惜」，為了認可有缺陷的自己，營造能支持自己的環境是必要的。

無論在形式上把空間打掃得多潔淨，如果你不情不願、抱怨碎念，在那個空間裡流淌的空氣將會繼續阻滯，感受到冷漠的空間會囤積越來越多不滿。

反之，如果你把空間與物品當作自己，灌注愛意，就會像對自己灌注愛意一樣，那個空間也會變得溫暖，暖洋洋、熱呼呼的氣氛將把你環抱。置身其中的你，也能進而認可自己的軟弱、缺點，也就是產生「發現」。

再一次好好正視自己的空間與物品。

有沒有哪些物品被你粗野魯莽地對待？

有沒有哪些物品被你忽視？

因緣際會而存在於你身邊的物品與空間，無論何時，都想成為你的夥伴。請務必有意識地面對，它們必定會引領你邁向幸福。

無法珍惜卻又捨不得丟棄，該如何與物品道別？

在第一章提過，如果一直抱著難過、悲傷的感情無法放手，那個疙瘩就會在家裡看不見的地方，化為塵垢堆積。同時，這樣的感情也會附著在物品上。

曾經有一位女性顧客希望我到她府上觀察。甫入屋內，就感受到極為陰暗的氛圍。首先我到廁所，把手伸入水流出口的內部，將汙垢去除。可是空間還是感覺不流暢。

這時，她斷斷續續聊起女兒的事。

原來她的女兒被捲入某個事件而意外身亡，犯人一直逍遙法外，案件始終無法破案。在這樣的狀態下，母親的心情無法平復也無法觸碰女兒房內任何東西。

我請她讓我看看女兒的房間，確實感受到非常幽閉黑暗的意念。我對她說：「不需要勉強，但如果可以的話請一件一件觸碰令嬡的物品，並和它們說說話。」

儘管如此，還是覺得有些不順暢。於是我走向玄關，那裡有一個貓的擺設品，也讓我感受到非常沉重的意念。

詢問之下發現，原來這個貓擺設品是這位母親很鍾愛的卡通人物，一直備受呵護，在女兒出事之後，女兒的事纏繞心頭，就把貓擺設品忘了。

我沒有靈視能力，也沒有不可思議的神力，能看見凡人所不能見之物。**但如果有意識地面對物品與空間，感覺會變得敏銳清晰，就能感受那裡流淌的是什麼樣的氣氛**，我深信任何人都能夠具備這樣的感受力。

於是我對她說：

「這個貓擺設品就是您自身。每天一次就好，請對它說『很難過吧』。而發現自己並沒有被忽視的這隻貓，就會為您去除悲傷。」

由於玄關是房子的入口，若存在著沉重的意念，整個房子都會陰暗而停滯不暢。

對於「沒有也沒問題」的物品，抱持著感謝的心情放手

有意識地面對物品真的非常重要。因為物品和人一樣，都不想被忽視。

話雖如此，每天過著忙碌的生活，總是會忘了物品的存在、無法認真地面對。因此，在閒暇的時刻，將物品一件一件觸碰，問問自己：「對我來說，這個真的需要嗎？」如此試著複誦三遍左右。

這樣一來，就能區分出「還想在一起」的物品，以及「咦？沒有這個，

我也沒問題」的物品。

如果沒有手上拿著的物品，也覺得沒問題，那就是告別的訊號。請向它說聲：「一直以來非常感謝。」然後放手。

比方說，要捨棄童年的玩偶等，常讓人躊躇猶豫。雖然長大之後不再需要，卻擔心丟掉了會不會發生不好的事，既無法好好珍惜卻又捨不得丟棄。在這樣的狀態下，玩偶承載了你的罪惡感，整個空間的氣氛也變得沉重。

這樣的時刻，毅然決然地把心一橫放手就好。即便過去很珍愛，如果現在不需要，道聲：「一直以來謝謝了。」帶著感恩的心情捨棄，物品也會歡喜。藉由放手，你內心充滿隔閡的感情也被解放，整個房間的空氣也變得輕盈。

無法丟棄物品的人，請務必與物品一件一件對話、好好正視它們。養成這種習慣之後，就能夠憑直覺分辨現在的自己不需要的物品及需要的物品。

物品承載著製作者的感情

為了將積存在體內的東西一次排出，我偶爾會進行斷食。斷食之後，發現自己的感官越來越敏銳清晰。事實上，對物品放手和斷食很相似，物品漸漸變少後，漸漸看清自己不需要的物品，對各式各樣物品的靈敏度也會上升。

如此一來，**自然而然地會想選用優質物品**。為什麼呢？因為製作者的感情會轉移到物品上。

譬如說，相同的料理，裝在大量生產的盤子裡品嘗，或裝在一個一個用心製造的盤子裡品嘗，後者感覺更加美味，也讓人更想慢慢咀嚼，細細品味。

那是因為，用心製造的盤子通常承載了技術高超、滿懷自信的製作者的正面思維。用膳的人無意間從這個盤子接收到這樣的思維，彷彿感受到這個思維反映在味道中。

一直和我一起工作的同事，綽號「小山」的山室顯規先生，以一種名為日本厚朴的木材製作砧板，因為品質卓越，預約的訂單已排到一年之後。

我也有幸使用他製作的砧板，和其他砧板相比，食材切得輕鬆俐落，彷彿砧板在呼吸。雖然感覺因人而異，但這麼多人訂購，想必很多人都有同樣感受。

為什麼會成為這樣的砧板呢？當然除了小山擁有出類拔萃的技術之外，也因為小山在製作砧板時，會抱著木頭說：「真的謝謝你。」（笑）之前的章節我也提過物品有意識，所以物品被製作者所愛，或沒被愛，性質將有所改變。

坦白說，你正在閱讀的這本書，完稿時我也抱著書稿說：「真的謝謝你。」（笑）你正在閱讀的這本書想必也承載了我的感情吧。

順便一提，我想表達的並不是便宜無好貨。**若使用的人懷著歡喜持續使用，必定也會變成充滿愛意的物品。**什麼樣的感情都會依附在物品上。所以，使用的人請對物品抱持愛意。如此一來，物品會非常歡喜，幸福也將被牽引過來。

不可思議，把塵埃視作神明，打掃也會變得容易

前幾天，電視紀錄片採訪了經營一家人氣菓子店的兄弟，兩位雖然都是年過七旬的老爺爺，每天依然早上四點起床，四點半出門。

到了公司第一件事，就是對著所有菓子說：「菓子小姐、菓子先生，今天也請多多關照。感謝菓子神明的保佑，今天也能賴以維生。」這個儀式，據說從創業開始從不間斷。

我聽了這番話，非常感同身受。因為我也把塵埃當作神明。不，更確切地說，我相信世間萬物皆有神明依附。

這個信仰的原點，要追溯到我自己並不記得的初生時期。

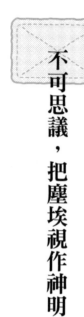

八個月大時，我罹患化膿性腦膜炎及腦水腫，發現的時候已經太晚，當時醫生判定：「性命恐怕是難保。就算得救也會留下語言障礙或其他後遺症，只要能活下來就該慶幸。」

雖然父親和母親面對兒子將死這樣突如其來的殘酷現實，彷彿晴天霹靂，卻依然相信「自己的孩子不會如此輕易死去」，而讓我住院注射加了抗菌劑的點滴，同時也暫停工作，全心全意照料我。

首先，還是哺乳期嬰兒的我，生命的養分是從母乳而來，為了讓母乳純淨，母親三餐只吃糙米、充分提引出蔬菜自然清甜的層疊煮味噌湯。此外，因為母乳是由血液轉化而成，為了製造純淨的血液，母親經常繞著醫院跑步、練習瑜珈與體操以保持健康，努力調整身體狀態。

而父親則採用民間療法，為我做芋頭貼布。所謂芋頭貼布，是一種混合了磨碎的芋頭和麵粉，再用紗布包裹後貼在患處的東西。據說芋頭會吸收毒素，但每四小時就得替換，父親每天四處奔走採購芋頭，用磨菜器磨碎大量芋頭，再把做好的芋頭貼布帶到病房為我替換，如此反覆忙進忙出。

化膿性腦膜炎、腦水腫，是一種讓腦部受到壓迫、漸漸腐壞的疾病。連最初插入手腕的點滴針，也漸漸無處可插，而不得不直接插到頭上。為了不讓我自己拔針，住院期間我的手腳都被綁在床邊，只能眼神呆滯地橫躺著。

儘管來探病的人都覺得我已命若游絲，大家仍默默無語；住院半年之後，我首次對雙親的噓寒問暖報以微笑，開始邁向康復。

雙親同心協力，把醫生束手無策的疾病完全治好了。

很可惜的是，我完全不記得這個體驗。但是，每次父親在演講時提到這段往事，我的臉上雖然笑意蕩漾，淚水卻奪眶而出，潸潸不絕。

明明不記得卻淚如泉湧，大概是因為潛意識裡記得，也確信「毫無疑問，父親和母親為了我如此竭盡全力」。

製造好塵埃或是壞塵埃也由感情決定

我住院時，父親和母親一定深信芋頭是神明吧。如果眼前的芋頭能救兒子一命，就將芋頭當作神明來清洗、當作神明來磨碎。「神啊，請救救我的兒子。」如此懇切祈願著，並深信這是可以拯救兒子性命之物。

感受到父母心焦如焚、不遺餘力的感情，於是芋頭想：「既然如此，就實現你們的願望吧。」而成了父母的啦啦隊。

得知雙親將兒子的化膿性腦膜炎及腦水腫治癒，患有相同疾病孩子的家長紛紛造訪「和樂」，並實踐了這個方法，但遺憾的是，孩子沒能獲救。

醫學方面我不是很了解，雖然這不是全部，但帶著什麼樣的感情（認真）進行治療非常重要，若只帶著「用芋頭貼布能治療的話，就姑且一試」這樣的想法，那很遺憾，可能無法治好。抱持著「一定能治好，絕對會變好」這樣的信念，以相信芋頭的力量來實行，極為重要。

話題回到塵埃，將塵埃當作神明，**帶著「謝謝」這樣的感情來打掃，塵埃會變為好塵埃**。如果是好塵埃，就會出現塵埃不再黏附難除的現象。反之，不情不願地打掃，就會變為黏附難除的塵埃。聽起來不可思議，卻是千真萬確。

塵埃不是忌諱討厭的東西，自己的感情如實地依附在塵埃上是事實。感情與塵埃相互連結。

換言之，世間萬物皆有神明依附，帶著感恩之心面對，必定會出現讓人喜悅的結果。

第3章

一億日圓在
誰都不想觸碰的地方沉睡

只打掃「喜歡的地方」就好

在第二章提到，空間與物品就是自己本身，自己的感情會如實反映其上。請牢牢記住這點，接下來要具體地進行「滿足自己的打掃術」。

從自己重視的地方開始打掃，正能量就會湧現

「滿足自己的打掃術」的第一階段是，決定一個自己重視的地方，先打掃那裡。譬如桌子四周、廚房、浴室、櫥櫃……等，純粹是自己喜歡的地方，只有這裡是想維持乾淨的、對自己而言是神聖不可侵犯的地方。無論是

哪裡，總之先決定一個地方，從那裡開始打掃。

限定對自己而言重要的地方來打掃，是因為比較有感覺，**想要打掃乾淨的念頭相對強烈，愛意也會湧現；空間承載正能量，士氣也會提高。**

自己喜歡的地方潔淨得閃閃發亮，自己也變得有自信，開始發光發亮，可以實際感受到魅力逐漸蔓延擴散。

因此，請從自己重視的一個地方開始打掃。

並非一塵不染卻門庭若市的飲食店之謎

岡山市的巷弄裡有一家中華料理店，由老爺爺和老奶奶兩人經營，只有約莫十個座位的小店，隨著老爺爺和老奶奶的身體狀況，時而營業、時而休業。不過，因為料理十分美味而好評如潮，無論何時都高朋滿座。

我也非常喜歡這家店，將近二十年來經常光顧，這家店的牆壁和櫥窗都油膩膩的，實在說不上清潔。然而，廚房的換氣扇及水槽周圍不鏽鋼的部分都亮晶晶。

我和老爺爺聊到這一點，然後他說：「哎呀，真是體力不濟了。可是廚房周圍是我的城堡，只有這裡絕對要保持乾淨。」

這種氣概果然呈現在味道裡。作為飲食店，當然每個角落都維持清潔比較好，但只有老爺爺和老奶奶兩個人，能夠打掃的範圍有限。

這樣的情況下，與其在意別人怎麼想，不如單純地「因為喜歡這裡，所以打掃這裡」，自己感覺舒適，空間本身也變得舒適。

此外，「現在的自己能夠做到最好的就是這樣，現在做到這樣就好」，在寬容自己之下進行打掃，客人的心情也變得寬容。不期望獲得所有人的愛戴，店主忠於自我的生活方式，客人也產生共鳴，所以即便店內並非一塵不染也門庭若市。

像這樣打掃自己喜歡的地方，先滿足自己，非常重要。如果不確定喜歡的地方，就試著問自己：「打掃哪裡會讓自己閃閃生輝呢？」

一如「為了別人」寫成「偽（善）」，不是為了讓人覺得自己很好，也不是為了取悅別人而打掃；所以**首先是每天打掃與自己息息相關、喜歡的地方**。然後逐漸明白自己得到滿足，而更加喜歡那個地方；那個地方也將成為舒適的空間。

在滿足自己之前，沒有必要打掃得一塵不染

雖說「只打掃自己喜歡的地方」，但如果是家庭主婦，不就非得把家裡上下都打掃乾淨不可嗎？或許有人這麼想。

然而，自己沒得到滿足，只是抱持著「家庭主婦的義務」這樣的心情打掃，這種感情會在家中揮之不去，導致惡性循環。

有時我會提供一對一的個人諮詢服務，有人說道：「如果不完美，會擔心對小孩造成影響。」我的觀點剛好相反。相較於想著「不能不完美」一邊皺緊眉頭、不情不願地打掃的母親，想著「雖然不完美，但盡力了」一邊寬容自己、一邊享受打掃的母親，更能創造讓小孩快樂的空間。

一旦進行打掃，便會很在意丈夫和孩子製造的髒亂。「打掃廁所的是我，不要用得這麼髒！」「最後使用浴缸的人，至少把磁磚地板擦一擦吧！」如果一心想要追求完美，總會在意家人沒有抱持和自己同樣的想法。不過，帶著這樣的心情打掃廁所及浴室，就算變得乾淨，那種感情也勢必會殘留在空間裡。

於是，置身那個空間會莫名地感到窒息，家裡變成不舒適的地方。然後，丈夫下班後不想直接回家，孩子也不想直接回家，類似這樣的情況真的會發生。

我認識許多事業有成的人士，每位都很愛家人，很顧家。因為情緒穩定，自然而然事業發展也蒸蒸日上。

「沒打掃乾淨，沒資格當主婦」、「不擅長收納整理的自己，無法獲得幸福」抱持此類迷思的人，請務必把這個障礙去除，「為了舒服地泡個澡，今天試著清理排水口」等，只要決定一個地方進行打掃，其他部分則簡單地在可行範圍內打掃就好。

不久之後，就會變得很想打掃家中裡裡外外，一轉眼間，家中已經變得舒適乾淨了。

換個視角，留意看不見的地方

決定好一個地方之後，試著用心打掃那裡。這個時候的祕訣是，有意識地面對看不見的地方。我在第一章提過，感情的疙瘩在看不見的地方化為汙垢囤積，大家不妨來找一找自己的疙瘩在哪裡？

比方說打掃廚房，冰箱的下方、餐具櫥櫃和牆壁之間的縫隙、水槽下的收納空間……試著去注意這些平時看不見的地方，會發現那裡積滿了幾年分的塵埃、長滿了密密麻麻的黴菌，非常怵目驚心。

有效的方法是，蹲下來、躺下來，換個視角觀察。一直站著看只能看到相同的地方，改變姿勢，轉換視角，就能發現平時看不見的汙垢。僅僅是轉換視角，就連自己的世界觀也瞬間改變。將看不見的部分打掃得閃閃生輝，至關重要。

又比如清掃廁所，站著彎腰或蹲下清掃馬桶，只能看見平時的汙垢。所以我躺在馬桶旁邊，由下而上觀察馬桶。

如此一來，馬桶背面的汙垢、牆壁與馬桶之間的汙垢等，前所未見的世界盡收眼底。實際躺下來就會更清楚地發現哪裡有多髒，擦過卻殘存的汙垢也能親眼確認。把那些汙垢一點一點清掃去除，打掃的時間也會縮短，用眼睛確認汙垢脫落，也讓人有成就感。

但是，要用這個姿勢打掃廁所等印象中骯髒的地方，若不先去除感情的障礙或許很難辦到。馬桶內到底布滿多少汙穢，看了叫人膽顫心驚，畢竟這裡是我們最不想看見的部分之一。

小孩子倒是喜孜孜地躺下，他們果然不怕看到背面，以純真的本質生活著。話雖如此，我們也是從小孩變為大人的。因為成長過程中漸漸抱持不安與恐懼，所以害怕去面對看不見的部分。不過，只要拿出勇氣正視暗處，必然會重得赤子之心。

如此轉換視角，可以看見嶄新的世界。不只是馬桶的背面，躺在廚房裡也很刺激。水槽下、冰箱下的汙穢，由下而上仰視，必定會發現一直以來沒察覺的汙穢。

透過養成打掃時轉換視角的習慣，也將養成從各種角度思考事物的能力。

站高一點、蹲低一點，培養從各個角度看事物的能力

如果家中有小孩，請讓小孩騎在大人肩膀上。讓小孩從上方俯視，「那

個角落有個蜘蛛窩」、「櫥櫃上有隻死掉的蒼蠅」等等（笑），小孩會看見大人看不見的世界。

童年時代試過轉換視角樂趣的人，未來將具備洞察一般人看不見的部分之能力，而且還會產生好好去正視他人的優點與內心的想法，能成為並非總是從單一方向，而是從各個角度觀察、思考事物的大人。

不僅如此，打掃的時候轉換視角，就像是增加了遊戲的元素，孩子們都樂不可支。我盡可能不把打掃當成骯髒的事，希望孩子們覺得「打掃好開心」、「這裡居然有灰塵」，目光炯炯地進行打掃，希望孩子們不要產生心理障礙。

第二章的最後提到，我把塵埃當作神明，塵埃也變得不會黏附難除。其實我認為**塵埃也有意識**。

如此思考的話，沒被發現、被人放任不管的塵埃，覺得自己沒被關心也鬧起彆扭，很想要被人發現所以越積越多。放鬆自在的人、做著自己喜歡的事的人，空間裡不囤積塵埃，因為塵埃被注意、被關心，沒有囤積的必要。

轉換視角來打掃，「那樣的地方也有塵埃」，把塵埃找出來，有意識地面對一直以來毫不關心的塵埃，塵埃也會歡喜。更進一步用手觸碰打掃，結果也是觸碰自己，不單是塵埃會減少，壓力也會減輕。打掃的力量無比巨大。

以稍微偏離完美的標準清掃，製造讓別人能親近的環境

人的性格表現在擺放物品的方式上，譬如，把鞋子放入鞋櫃時，有些人擺放得絲毫不差，連一公釐的偏差也沒有；有些人則隨意塞入。又譬如電視的遙控器，有些人整整齊齊地擺在桌上；有些人則隨隨便便丟在地上。

雖然並非哪一種比較好或哪一種比較不好，但太在意物品是否擺放得稍微歪斜、有潔癖傾向的人，很可能生活會過得越來越苦。為什麼呢？因為完美的空間飄散著「不能容許不完美」的空氣，讓其他人難以進入。

空間有餘裕，就是自己內心有讓重視的人進入的餘裕。感覺自己一直沒遇上好人好事，很可能是因為內心沒有空間（餘裕）。

我們感覺幸福的時候，才能夠與周圍的人心心相印、歡樂共存。要獨自得到幸福相當困難。

為了製造讓別人輕鬆進入的環境，請試著把物品稍微擺放歪一點。例如：若有十雙鞋子，七雙整齊擺放，其餘三雙試著隨意擺放。看到鞋子這樣擺放的人會想，此人雖然一絲不苟，但還是有人情味、可以容納他人，因而產生好感。

這個方式不只是適合有潔癖傾向的人，對萬事萬物皆追求至高至上的完美主義者也非常有效。

完美主義者只要刻意把物品擺放歪一點，自己心中「不好好擺放不行」的障礙也變得容易去除。

把物品擺放歪一點聽起來好像很簡單，對完美主義者而言卻需要勇氣。實際試著把物品擺歪，卻發現也能如常生活，想法就會漸漸改為「咦？大家都不覺得討厭」、「我這樣也能生活」，然後卸下肩膀上的負荷。人生中的

「發現」即由此萌生。透過把家中物品稍微擺歪，從完美卻不舒適的空間，變為能夠容納他人的空間。

比起入口，要更注意出口，內心相貌會如實呈現在其中

我打掃的時候，**比起入口更注意出口**。所謂出口，是指廚房及廁所的換氣扇、馬桶中積水的部分、浴缸及洗臉檯、廚房等的水槽排水口等等，即家中的東西向外流出的部分。

遇到與家人關係、工作、人際關係相關的問題，或為了生意不佳而苦惱，大多數的情況，是因為房子的「出口」藏有汙穢，阻塞不通。

比起入口，我之所以對出口更加敏感，與在「和樂」的成長環境有很大關係。民宿和樂佇立在能夠眺望雲海的山頂上，所有使用過的水都從山上往

山下流。從民宿和樂排出的水，會通往在山下種田種菜的居民住處。

因此，和樂盡可能不排出汙水，為了讓最後排出的水潔淨得連金魚都能棲息，我們設置淨化槽、使用天然安全成分的洗潔劑；為了不造成山下住民的麻煩，我們無微不至地謹慎注意。

如果只要能夠賺錢就好，以唯利是圖的態度經營，大概會使用便宜的合成洗潔劑、不安裝淨水槽、任意讓汙水流出吧。然而，這樣只是讓恣意妄為的生活方式暴露無遺。

父母經常教育我們兄妹：「要注意出口。我們的生活不能給山下的居民帶來麻煩。給大自然添麻煩的生活方式太自私自利。」

在這樣的家庭環境下成長，我很自然地覺得，對萬事萬物心懷感恩生活的人，理所當然會注意出口。

反之，**感恩心不足的人，亦即心中帶有疙瘩的時候，出口則會汙穢**。彷佛內心相貌如實呈現，出口阻塞，空氣變得沉重。

所以每次有人向我尋求諮詢，「不知為何感覺不舒適」、「每天很痛苦」等等，我首先會檢查那間房子上上下下所有出口，發現大多數都藏汙納垢，藉由打掃清除，空間開始呼吸，人也心曠神怡。

被某些問題困擾、窒礙難行的時候，不妨把家中出口的汙穢逐一清掃乾淨，如果能留意這些部分，家中的空氣將會煥然一新，有如天壤之別，轉變為舒適的家。

打掃看不見的地方，會漸漸看見他人的優點

能夠打掃看不見的地方，人際關係也會大幅好轉。為什麼呢？因為漸漸能夠看見他人的優點。如果你現在正為人際關係煩惱、嫉妒他人、和他人比較而陷入苦悶狀態，請務必實踐看看，效果十分顯著。

比如說伴侶。最初相遇時明明覺得對方有很多長處才會喜歡上，但長年一起生活後，看不順眼的部分卻越來越明顯，爭執越來越多，對伴侶也越來越漠不關心。

剛剛我也說明過，類似這種家人之間的感情疙瘩，在看不見的地方化作汙穢囤積。如果此時找到那個不想看見的地方並將它打掃乾淨，自己的心理

障礙將就此去除，例如：之前明明一直覺得丈夫又差勁又髒亂，現在卻覺得他的髒亂，其實是純真使然，而開始有所改觀。

並非丈夫改變了，而是因為自己親手去除對家人根深蒂固的偏見之汙穢，變得能夠自己愛惜自己，這樣的自己也能夠愛惜丈夫。

而且，**因為你充滿著愛，身邊的人也會對你溫柔。**

前幾天，有一位社長夫人告訴我一件事。之前我到她府上拜訪時，圍繞著打掃的話題相談甚歡，而在我離開後，夫人開始很想打掃她一直很在意的馬桶水箱內部。

水箱是長年沒清掃的地方，裡面積滿水垢，打開水箱蓋子將內部清洗乾淨之後，奇蹟發生了。

發生了什麼奇蹟呢？原來正值叛逆期的女兒，總是脣槍舌劍，那天回到家柔聲細語地問：「媽，今天發生了什麼事？」

雖然除了清洗馬桶水箱外，什麼都沒做，但由於一邊正視自己一邊打掃，夫人的氣質變得和藹柔婉，女兒也親暱、輕鬆地主動前來聊天。透過清潔水箱，夫人一直漠然緊繃的心也緩解鬆弛，對家人的感謝與關愛滿溢而出。女兒敏感地察覺到，所以也變得和顏悅色。

除了上述個案，還有多不勝數的人向我報告家人變得溫柔和順。丈夫變得體貼，稱讚說：「妳的料理充滿愛。」曾是不良少年的兒子變得坦率，諸如此類不可思議的現象發生。

這全是因為在所有人閉上眼睛不想看的地方，才能好好面對自身的感情。**因為自己好好面對，身邊的人也會好好面對你；這正是「鏡子法則」**。如此讓看不見的部分發光發亮，空間也會立刻對愛意、喜悅、感謝產生反應；首先自己改變，然後大家的意識也隨著改變。

想要改變自己卻改變不了的人很多。這樣的人請務必打掃看不見的部分。對不需要的感情進行排毒，空間也將截然不同地閃閃生輝。

停止為了取悅他人的打掃

如果親戚朋友要來訪，你不禁會想：「不得不打掃。」這是因為家中的狀態如實地呈現內心，而你不想被人看見自己赤裸裸的內心。

「不想被人覺得自己的家好髒」、「被人看到骯髒的部分很不好意思」，這樣的心情湧現時，無須掩蓋，不妨順著這樣的感覺，試著好好在意他人吧。

當客人要來訪，不得不打掃的心情會蠢蠢欲動，因此採取緊急措施。例如：將起居室裡鋪天蓋地的雜物暫時先集中一處，搬到別的房間，然後關上房門不讓客人看見。

客人抵達前，在有限時間內努力把看得見的部分打掃整理乾淨，有趣的是，**越想隱藏沒有整理的部分，我們越會焦慮地想：「總有一天非得整理不可。」**

要是客人持續來訪，一直重複上演相同的戲碼，最後一定會產生「我再也無法隱藏了」的念頭。很多人就是因為有了這樣的想法，才開始整理物品、打掃房間。

暗處的感情排毒之後，就會回復本來的真我

住在不想被人看見的房子裡，等於在外面也不想被人看透自己。聽起來有點刺耳，但其實你自己也隱隱約約感受到了吧。

認為可以藏得住，其實只有騙過自己。你到其他人家做客時，其實也能夠察覺，總是一塵不染的房子與為了接待客人匆匆忙忙掩飾整理的房子，兩

者之間的差異吧。

是的，其實旁觀者清。意外地，別人都能感覺到「明明坦蕩蕩地表現自己比較好。明明有感而發、吐露真言比較好。那個人肯定很痛苦吧」。當然，如果如此暢所欲言，原本只是虛與委蛇的人都會避而遠之。不過，真正的朋友也許會留下。

現今這個時代，不展現真我、忸怩作態、偽裝自己的人非常多，如此戴著面具的生活是否即將達到極限？當然，原形畢露或許令人難堪難受，**但自己深藏在暗處的感情排出之後，返回原本真我的速度會加快**。

簡而言之，即是排毒。完全排出的過程雖然痛苦，但只要堅信前方有幸福，連排出的過程也能甘之如飴。

所以，不妨來打掃整理不想讓人看見的部分吧。將自己掩蓋、封存了幾十年的東西，徹頭徹尾地排清之後，只選擇自己喜愛的物品，想過何種生活也會漸漸成形。當你能夠成為這樣的自己，原本的真我就會發出光澤，個人魅力也將更添一層。

脫下偽裝自己的盔甲，即使衣衫襤褸也幸福美滿

在意他人如何看待自己的家、這個部分絕對不想被人看見、不太想讓人到自己家來，會這樣想的人，是和某個東西在對抗，具有感情障礙的人。

大多數的人都希望成為眾人稱羨的人。例如：大房子、高收入、高級物品、名牌衣服……。

可是原本的自己，真的希望成為眾人稱羨的人嗎？

「每個人都不一樣，每個人都很棒。」

這出自詩人金子美玲的詩中一節，我也非常認同。

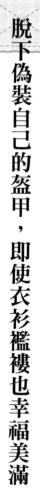

每個人都羨慕那些擁有自己所沒有之物的人，但其實現在的自己最是恰到好處。畢竟創造這個現實的是自己，竭盡全力才擁有現在的自己。

為了取悅別人，偽裝地打掃，是非常痛苦的事。**打掃是開心才做就好的事，不開心的話，不做也沒關係。**因為打掃與感情必定互相連結，我覺得如果開心地進行打掃，心理障礙也會去除，實在是一舉兩得。

打掃看不見的部分、隱藏的部分，會促成重大的意識改革，讓過去一直在掩飾的自己得到解放。

只要脫下偽裝的盔甲，看不見的部分自會發出光澤。誇張一點的說法就是，無論多麼衣衫襤褸也風姿高雅，縱使住在蓬門華戶也幸福美滿。

動手將溫暖的感情傳遞到物品與空間

如果在看不見的地方發現汙穢，請務必把它打掃得閃閃發亮。這個時候絕對需要**「動手，用手觸碰」**，總之，動作非常關鍵。

比如說，時有所聞久違多年重逢的冤家對頭，透過握手、用手觸碰而關係改善，這是因為感受到暖意與溫情。

此外，對傷口進行治療，日文稱之為「觸手療法」，據說原意為用手觸碰疼痛部位並將其治癒。換言之，手擁有強大的力量。

因此，我們透過用手觸碰，必定會朝好的方向邁進。除了人類之外，用手觸碰汙垢及物品，手與物品之間也會產生溫暖的感情。

有一位在香港開設了三家飲食店的先生，由於其中一家店營收不佳而向我尋求諮詢。

他是一位數字能力高強、經營手腕出眾的人。我曾經和他共事過，所以很了解他的雄才大略，也很了解他不擅長打掃。

我對他說：「一天三秒就好，試著道聲『謝謝』，以感恩之心用抹布打掃。」他聽完後笑了出來，不過大概是實在苦無對策，他真的親自擰乾抹布、手腳著地，不發一語地持續打掃了約莫一星期。然後和之前關係惡劣的當地店員漸漸有了交流，隨後營業額節節上升，從谷底起死回生。透過自己動手、以抹布擦拭，氣氛確實轉變了。

與文化差異毫無關係，溫暖的感情是可以傳遞的。觸碰物品、發出關懷之聲，空間的品質漸漸轉變，雖然有人覺得這只是芝麻小事，卻會產生巨大的改變。**越觸碰，溫暖的感情越能萌生、傳遞，良好關係也會復甦。**

因此我很重視觸碰。無論多忙碌，必定一天一次以手觸碰各種物品，像馬桶、鞋子或浴缸。

討厭打掃的人，請以手觸碰平時疏於打掃的地方及物品，並和它們說說話。為什麼呢？因為那裡是自己人生中疏忽的地方。把溫暖的感情傳送到那裡，平時沒被關心的地方及物品會變得歡喜，結果歡喜也會返回自己身上。

徒手清掃，更能拉近人與物品的距離

順便一提，**我之所以徒手伸入馬桶中，是因為手與物品的距離越近，越能傳遞溫暖的感情，空氣也以數倍的速度改變。**

舉個例子來說，讓喜歡的人戴著手套或是徒手跟你握手，哪一種你比較欣喜呢？一定是徒手肌膚與肌膚接觸比較好吧。

當然，對徒手清掃馬桶始終有抗拒感的人，戴塑膠手套也沒關係。懷著

「不想徒手，好髒」的心情卻徒手打掃，這樣的感情會殘留在馬桶，與其如此，還不如戴手套比較好。徒手打掃的時候，原則上是希望大家帶著興奮期待的感情，習慣之後，再脫掉手套就好。

徒手觸碰到汙垢時，請將意識集中在指尖。是什麼樣的粗糙、什麼樣的溼溼黏黏……好好感受是什麼樣的汙垢，愛意就能傳達，空間也將隨之改變。然後，自己的障礙也漸漸去除，更容易包容別人。敞開心胸的你，幸福也將投入其中。

輕輕觸碰容易囤積灰塵的小飾品

起居室裡裝飾用的擺飾品，不知不覺就布滿塵埃，相信誰都有過這樣的經驗。可是，一個一個擦拭很麻煩又費時間。這時候，請用手將擺飾品一個一個溫柔輕碰。

一邊輕碰物品一邊道聲「早安」，因為鋪滿塵埃的物品很寂寞。

請試著回想，當初明明因為「好可愛，好想把這個擺在起居室」，而關愛備至，可是一旦擺在那裡後，就再也沒得到主人的關心。這和最初交往時被男朋友稱讚「好可愛，好漂亮」，感覺很幸福，但交往時間一久便漸漸得不到讚美，而變得寂寞的女朋友一樣（笑）。

在這樣的狀況下，物品會設法讓主人回頭望向自己，那它們會做什麼呢，就是囤積塵埃，積滿塵埃讓主人不得不打掃。

這和想要被關心，而故意任性地提出諸多要求、無理取鬧的小孩一樣。對著哭鬧的孩子說：「安靜一點！不管你了！」孩子會更加哭天喊地。但是如果抱緊孩子說：「對不起喔，沒有好好聽你說。」哭鬧的孩子必然會恢復安靜。哪怕只是一瞬間，心與心相通就沒問題了。

我觸碰物品時，會把物品放在手上好好凝視，對它說：「一直在忙，對不起。不過謝謝你來到我身邊。」對物品發出關懷，物品會實際感受到主人的關心。

如此一來，即使不常打掃，也不太會囤積塵埃。一如之前提過的，成為了「好塵埃」。

這就像是如果我們對別人有好感，別人也會對自己有好感，所有意識是互相連結的。既然如此，**把物品當作自己，像讓自己開心般讓它開心，這樣的心情定會傳達，自我的肯定感也會提升。**

重視以手觸碰物品，細心謹慎對待空間，從手溢出愛的力量，讓空間的空氣變得容易呼吸。

如實展現自己的情感，物品與空間也會打開心扉

一邊以手觸碰、將愛傳達，一邊打掃，極為重要。然而，人難免會有心煩氣躁、委靡不振、無法傳達愛意的時刻。

這樣的時刻，沒有必要勉強自己傳達愛意。明明內心不這麼想，卻言不由衷地說「謝謝」、「好喜歡」，感情依然無法傳達。反而是如實展現自己的情感，更能把心情傳遞給對方。對空間與物品也相同。關於這點我曾有過深刻的體驗。

為了傳達生命的重要性，我舉辦雞的支解講座活動。為了實際感受我們

一直以來不痛不癢地吃著肉，其實是在吞食生命，也同時吞食那個生命的記憶。有很多參加者是親子一同參與，有些家長不想讓孩子看到血腥場面，也有些家長希望讓孩子認真接受現實，反應可謂形形色色。

說個題外話，**父母的安心感與自信，和孩子對事物的接受方式有直接連結**。無論何時，如果父母本身豁達大度地生活，孩子也能自信滿滿地生活。就算正視雞的生命，也不會畏懼。

說明之後，有些家長表示：「我自己沒問題，但年幼孩子的心靈可能留下陰影，所以不想讓他看。」我當然不會勉強他們，只是在我看來，這是無法完全相信孩子的一種表現；代表在內心深處其實無法完全相信孩子。

這個講座要傳達的是「雞的生命也在生物鏈之中，首先要心懷感恩」，大家一同關注雞，一邊傳送感謝，一邊進行支解。

有一次，儘管要負責講座，我卻始終無法將注意力放在雞身上，完全說不出話來。

當時我正被私事所困擾，心愛的女友說要分手，讓我不知所措，無法自己。

對雞實在是很失禮，但我帶著寂寞與悲傷，抱著雞，一言不發地淚流滿面。在旁人看來，或許以為我在對雞傳送愛意（笑），其實應該好好感謝雞，但我卻無法心懷感謝，彼時彼刻完全因為自己的私事而心力交瘁。

沉默的時間持續約三十分鐘，支解的時間到了，我恍然回神，不得不壓抑自己的感情，在現場好好完成工作，並對雞說了聲：「謝謝。」

然後，雞的心臟撲通撲通地微微顫抖。在場的大家也對雞說：「謝謝。」可是每一次「謝謝」聲響起，我彷彿都聽到雞在吶喊：「我不想死。」

我想，莫非雞在說：「我明明不想死，不想被人道謝。你知不知道我的心情？對我的生命應該有些想法吧？」當時對雞而言，「謝謝」即是宣告死刑。

這樣下去不是辦法，於是我把雞的心臟靠向自己額頭，再一次傳送意念。

「雞先生，對不起。我完全沒有對您投入感情，也無法提起感恩之心。我現在非常寂寞、悲傷。不過能像這樣在一起，真的謝謝您。今天接下來的時間就要支解了，真的很感謝您活到今天。最後，真的很對不起。」

說完，雞的心臟從撲通撲通的聲音轉變為安穩沉靜的聲音，恍若在說：「請切吧。」把頸項彎了過來。

那一瞬間，我彷彿感覺到雞的寬恕：「如果是你，奉獻生命也無所謂。」倏地淚如雨下。

我對著伸出頸動脈的雞，一刀切下；粉紅色的瑰麗鮮血緩緩流出。

通常從雞流出的血是紅色的。切下頸部之際，如果想著「殺吧」、「好可憐」等，雞也因為緊張而全身僵硬，血不是狂噴而出，而是像泥漿般滴滴答答地流淌。

然而，當時的血，色澤之美可謂空前絕後，在場眾人皆表示至今無法忘懷。

在我身旁的父親，對參加者說：

「請好好注視生命的尊貴。小犬在一小時內投入真摯的心面對生命，因此才出現這樣的結果。」

整個講座過程，我都無法對參加者說出隻字片語，在場的母親和孩子們卻都嚎啕大哭。

以雞的立場來看，被人類道歉、讓人類狼狽不堪地釋放感情，或許感到欣喜。或許會說：「被你這種憨直的人殺也不錯，如果以我的性命能夠解決，我願就此奉上。」

透過這一連串的事情，我更加確信，**人們要抱持什麼樣的情感才能改變**

物質。

「謝謝」、「對不起」是讓心與心的距離瞬間縮短的魔法咒語。因為這是將自己的想法直接表現出來的言語；是人類最動人心弦的感情：「感謝」與「寬容」，濃縮而成的言語。這樣的感情傳達出去，被傳達的一方也將瞬間和緩放鬆。

血色之所以瑰麗，是因為身體和緩放鬆，也就是共處的對象感覺舒服，才會和緩。

接受、認可、寬恕、愛惜自己，不需要勉強道謝

從此之後，我不再壓抑自己，不再裝酷耍帥，疲憊時坦誠示弱，釋放自己，活出自己。雖然曾經被人質疑：「不傳達愛意、不表示感謝，這樣好嗎？」但我們不是為了別人而活，我是我，你是你，若自己不被滿足，便無

法關懷別人。

就像在打掃廁所時，對廁所沒抱持衷心「謝謝」的心情，只是形式上說「謝謝」，不會產生任何感情。

與其如此，不如試著想：「其實想對老公溫柔一點，卻忍不住意氣用事。但這就是自己。接受、認可、寬恕、愛惜這樣的自己。不要焦急，慢慢來，只要多加小心注意就好。」一邊將自己的情緒釋放，一邊進行打掃，空間會對誠懇率真的你感到歡喜，而漸漸變得舒適。

全心全意的感情必然會傳遞，因此不需要勉強道謝，先把原原本本的感情在這個瞬間澈底釋放。一邊這樣做一邊打掃，一定會喜歡上自己。

若喜歡上自己，人際關係會變好，健康會改善，工作也會順遂，只會發生稱心快意的事。所有的一切都會成為你的夥伴。

每天只打掃一個地方，「慢慢」地傳遞心意

希望大家務必在包含打掃在內的各種動作中，加入一個「慢」字。被時間追趕、幾乎沒有時間正視自己，是當今社會的現狀。因此希望大家慢慢打掃、慢慢進食等等，在日常生活中加入一個「慢」字。

慢慢生活的好處是，能夠調整自律神經。調整好呼吸，副交感神經就會正常運作。若總是匆匆忙忙，自己的身體不調不順也察覺不了；若萬事慢慢進行，就會覺得「今天有點累」、「感覺腦袋比平時更加恍惚」，而對自己多一分關注，也會懂得適時慰勞自己。

我們的身體是神明所託付的，所以要每天珍惜愛護，小心對待。先對自己溫柔，滿足自己之後，對身邊其他事物才可能產生溫柔與細心的情愫。

這也和打掃息息相關，如果已經可以打掃自己喜歡的地方，我建議各位進行下一個步驟：**一天一處即可，請決定慢慢擦拭的地方**。若要慢慢打掃所有的地方，時間上不太允許，所以只有一處也沒關係。

今天慢慢仔細地擦拭浴室的鏡子，慢慢把不鏽鋼的水龍頭開關把手部分擦亮，明天慢慢清洗泡澡桶……

以此類推，全部輪流，慢慢對待，給予關愛。並非只是一直打掃決定好的一處，而是輪流打掃各個地方。

如此一來，物品輪流感覺被呵護關愛，空間的品質也將轉變。

慢慢地向看不見的部分傳送愛

特別是慢慢地打掃「看不見的部分」，效果卓越。就像把隱藏的塵埃找出來，塵埃會歡喜，向一直以來光線照不到的地方慢慢地傳送愛意，對那些物品與空間而言，沒有比這更開心的事了。

比方說冰箱的頂部，如果平時沒打掃，一定積滿驚人的塵埃。若要慢慢地把全部範圍打掃乾淨，相當花費時間。在這樣的情況下，分成三部分，這部分今天，那部分明天，這樣打掃也沒問題。

若是想著必須全部擦完，結果只會又疲累又氣餒，所以只需要把可行範圍打掃乾淨就好。

至於「慢」的基準，只要自己覺得這樣就是又慢又細心，也就可以了，不必和他人比較，請試著在內心放鬆的狀態下慢慢地動手打掃。

出現成果後有可能會落入的陷阱

當打掃之後現實朝好的方向轉變，就會萌生想要向身邊的人推薦的心情。如果只是輕鬆愉快地分享倒還好，若是希望對方也進行同樣的打掃，則可能事與願違；這是其中一個陷阱。

比如說在一個家庭裡，太太發現打掃的美好，於是對先生說：「工作不順利，是因為你的房間太髒了。如果打掃，絕對會好轉。」或是：「如果浴室的換氣扇骯髒，家裡的運氣會變差，快去打掃！」等等。

然而，**任何事物若非自己內在萌生「發現」，則無法改變**。被人強制改變，自己沒有打從心底接受而做，不難想像結果就是很快又原形畢露。

如果沒有「打掃之後，心情真的轉變了」、「開始打掃之後，感覺好事不斷發生」諸如此類由內湧出、希望透過打掃改變自己的心情，那就既不會改變，也改變不了。

即便我深知透過打掃必定會讓人生往好的方向轉變，也絕不強求別人。反而是先默默打掃，盡量不被人看見、不讓人知道。

當看到我好像過得很快樂的人主動問起：「你做了什麼？」我才告訴對方自己每天打掃。

打掃不是逼迫驅使去做的事，也不是為了張揚炫耀而做的事；而是自動自發去做的事。沒有任何被強制、強求的成分。

自己想做而做，結果空間轉變了，置身其中的人也會轉變。

如果嘗到快樂的滋味，自己先好好享受那個世界。你樂在其中的身影，人們將追隨其後。

如果有家人很愛囤積東西怎麼辦？

經常有人向我諮詢的問題是，自己想要在簡單少物的環境中生活，但家裡某位成員很愛囤積東西，無法好好整理家裡，心情十分煩躁。

如果是獨居生活，可以隨心所欲地創造自己喜歡的空間；如果是和家人同住，每位成員的感情皆創造著空間，所以必須一邊解讀他人的感情，一邊進行打掃。

譬如說，男主人喜歡收集塑膠模型，房間內模型氾濫成災，卻沒有排列得整齊美觀，只是漫不經心地隨意擺放，模型上也積滿灰塵。可想而知，女主人會想統統扔掉吧。即便如此，若對先生說：「我丟掉這麼多身外物，現在過得清清爽爽，你也丟呀！」反而會弄巧反拙，先生會變本加厲地收集更多。

除此之外，最近出現了「老家整理」這個詞彙，很多人似乎非常在意父母家中的大量雜物。「每次回老家，東西堆積如山，心靜不下來，希望爸媽能夠好好收拾。可是爸媽好像在東西很多的狀態中才能安心，才感覺舒服地生活，要是被沒有同住的子女嘮叨碎念，就更加頑固，不肯收拾。」類似的諮詢也增加了。

為什麼先生和雙親都對自己說的話充耳不聞呢？其中一個原因是，我們被越親近的人勸說，越想反抗。其實有些個案，家中堆積的物品捨棄或不捨棄都無所謂，可是被關係親密的人耳提面命：「丟掉比較好。」反而會意氣用事：「這個對我來說絕對需要。」而更加固執己見。

另一個原因是，你為了改變對方而丟棄物品，雖然口口聲聲說自己丟了東西一身輕，其實是想要改變對方，像在炫耀般地丟棄物品。

這樣對方絕對不會改變。**重要的訣竅是表現出對對方的物品漠不關心，**

散發出一種「你的東西我一概不碰」的氣場。

而且只把自己的空間收納整理得一絲不苟，怡然自得地與物品進行對話，一副幸福洋溢的模樣，對方看在眼裡，會油然而生「看起來好像很快樂，我也來試試丟點東西吧……」的心情。

事實上，這是經過證明的。我的母親因為覺得住在窮鄉僻壤總會有不時之需，所以林林總總許多東西都捨不得扔。庭園裡有個偌大的儲藏間，不經意地就越積越多。

過去的我看了心想：「這個顯然已經不會再用到了吧。」然後擅自丟棄。如果不這樣做，家裡亂糟糟的，心情也不好。

不過，後來我發現這個方法絕非上策，與其干涉別人，不如先歡天喜地地專注整理自己的房間，並對母親說：「沒有必要丟掉，不丟也沒關係。」之後，母親居然自己主動捨棄了東西。

堆積物品的人有一共通的深層心理，就是覺得不安、恐懼、寂寞。得不到家人的認同與接受等，沒被滿足的心情，只好依靠物品來彌補。因此，如果自己的心被滿足，就會了解什麼是自己真正需要的物品、喜愛的物品。

為了引領他人至那個方向，自己捨棄不需要的物品，真心認為只擁有需要的物品過日子是幸福的，這樣的想法非常重要。

「空無一物＝美學」是迷思，重視自己「捨不得」的心情

雖然剛剛才聊到捨棄物品，但我並不認為東西很少就是幸福。如果感覺不安而無法捨棄，擁有物品也沒關係。

空無一物即是美學，是我們的迷思。擁有物品時的滿足感、沒有物品時的不安感，如實體會當下的種種感情，比執著美學重要無數倍。

明明不想捨棄物品，卻以為捨棄物品就能得到幸福才捨棄，偽裝自己過

日子，只是在欺瞞自己。難得捨棄了物品，心理障礙卻無法去除，反而把囤積物品的人判定為不好，對那些人大放厥詞。

若因和別人比較，而心裡想著「應該這樣才對」、「我不這麼做不行」，反而會覺得很難受。希望大家能在心裡默想：「現在的狀況、現在我擁有的物品，對我而言恰恰好。」從這點開始做起。

為什麼呢？因為抱持著阻滯感情的也是自己，把感情的疙瘩越積越多的也是自己，恍然發現的也是自己。所以，捨棄的時間點，每個人都不一樣。這樣就好。自己竭盡全力創造的結果，呈現在當下，萬事萬物皆恰到好處。

舉個例子來說，我在兄妹之中領悟力最低，哥哥和妹妹用一年學會的事，我得花三年才學好。當時覺得很不甘心，感謝雙親總是對我說「現在就是最好」、「學會或學不會，哪個都很好」，我才得以認可一無是處的自己，然後像現在這樣和大家分享經驗。

所以，明明很想捨棄物品卻捨不下、明明很想保持整潔卻討厭打掃，像這樣的自己，大可不用責備。

如果對未來抱持理想，總會輕易否定遲遲實現不了理想的自己，但要是真心希望成為理想中的自己，雖然現在無法立刻實現，總有一天終會達成的。

為了互相學習而存在的家人

倘若心裡認為每個人都過著恰恰好的人生，那麼，如果家中有人不收拾打掃，對那個家人而言，這同樣也是恰恰好。

譬如有四位成員的家庭，不可能四人都擁有相同步調。有人迅速俐落地整理完畢，也有人龜速拖拉。任何事都講究效率的人，通常會批評拖泥帶水的人，但**其實我們是為了學習緩慢的節奏才在一起**。

進一步而言，就算不打掃亦能享受人生的人多不勝數，這樣也很好。

有會念書的小孩，也有不會念書的小孩；有力氣大的小孩，也有力氣小的小孩……怎樣都恰恰好。如果覺得恰恰好，則會漸漸發掘出能力弱的小孩其他的潛能。如果能夠讚美那些潛能，就是尊重對方，更美好的事將就此發生。

滿足了自己之後將產生的感情是什麼？

這一路說下來的「滿足自己的打掃術」，是打掃的重點。尋找自己喜歡的地方、看不見的地方，藉由以手觸碰（擦拭）澈底打掃那些地方，漸漸認可現在的自己，漸漸感受到自己所處空間的舒適，亦即漸漸擁有自信。

在到達這個階段之前，在一定的期間內，只要打掃自己喜歡的地方就好，請帶著「為了滿足自己而打掃」的想法去做。

為了滿足自己所需花費的時間，因人而異。有人一天就出現成效，也有人費時數個月。順便一提，我花了好幾年（笑）。所以，不要顧慮太多，建議各位先試著持續打掃二十一天。

或許有人覺得這時間很長，但無論如何，打掃是任誰都要做的日常家務。

既然都要做，我希望大家透過打掃改變人生，每天一點一點當作訓練，用心投入，好好地面對打掃。

透過打掃，心情變得愉悅，空間變得舒適，情緒不再煩躁……諸如此類的變化產生後，請往下一個步驟前進，也就是**「體貼他人的打掃術」**。

我們自己得到滿足後，滿溢出來的愛意與感恩，將可以滿足自己以外的人。

自己得到滿足後，就不會是「不得不對家人溫柔」、「不得不為他人設想」，而是「很想對家人溫柔」、「很想為他人設想」，如此自動自發的感情將湧現出來。

如果你滿懷愛意地打掃，你觸碰過的空間也會因柔情而得到滿足。這是讓置身其中的人也能心安氣靜的美好能量。

一邊祈願一邊打掃，祝福他人的力量

打掃的時候，我把感恩與喜悅之心念，回饋給自己、萬物、空間、眾生，因為相信這樣的意念必定會為周圍的人帶來幸福。

我相信打掃的時候回饋心念，與「祈願」有相同效果。

在影片《祈禱：與宇宙智慧之對話》（INORI: Prayer - Conversation with Something Great）裡，對祈禱的功效做了實驗。讓居住在美國東岸的人為美國西岸的病人祈禱，結果被祝福的病人比沒被祝福的病人痊癒率更高。

順便一提，筑波大學名譽教授村上和雄博士、整體醫學權威狄帕克・喬布拉（Deepak Chopra）博士等世界級的學者，都在這部影片中登場。眼不能見的祈禱力量，也許即將被科學證明。

透過抄經不斷為我祈願的父親

我相信祈願的力量是因為之前也提過，在我罹患化膿性腦膜炎及腦水腫的期間，父母鍥而不捨地為我祈願。

這件事我直到一年前左右才知道。當時我回到老家，整理家中物品，從佛壇的抽屜裡發現厚厚一大疊手抄經。我問母親：「這些手抄經是怎麼回事？」母親告訴我，這些都是父親在我住院期間默默抄寫的。

被醫生宣告「百分之百無法救治」的絕望狀況下，父親設法尋覓希望，堅信兒子必能治好而持續抄經。不，或許父親在所有的空暇時間裡，想著可以為兒子做任何事，心心念念都是這件事。

讓我從醫生束手無策的疾病走向康復之路，無庸置疑是醫院的抗生素、父親做的芋頭貼布、母親以純淨血液產出母乳哺乳等種種的功勞。不過，我認為祈願的力量也影響極大。

因為父母誠心虔意地祈願，我才能奇蹟般地痊癒，而且沒有留下任何後遺症。

自此之後，我相信祈願具有巨大的力量。諾貝爾生理學、醫學獎得主，法國醫學家亞歷克西・卡雷爾（Alexis Carrel）博士，曾發表過以下名言：

祈禱是人類所能產生最強大的力量，
就和地球引力一樣真實的力量。
身為醫生，我親眼見證無數病人試遍所有療法都無效，
卻透過虔敬精進的祈禱，擺脫了疾病與憂鬱。

因此，我打掃的時候，專心致志地回饋意念。

「謝謝。」

「喜歡你。」

「有你陪在身邊，我好開心。」

自己被滿足之後，像這樣一邊向家人與周圍的人、物、空間傳達意念，一邊打掃。如果你的愛意讓周圍的人得到幸福，接下來，請想著離你更遠的人、世界上的人，進行打掃。

來到這個階段，你連公眾廁所也能面不改色地打掃了。

如果被弄髒，就當作是讓自己發光發亮的重新歸零時間

如果自己被滿足，無論打掃後的地方被弄得多髒都不會動怒。不過，在到達那個階段的過程中，剛剛清掃乾淨就被弄髒，心裡肯定不是滋味。

曾經有一位和樂的研習生找我商量：

「每天每天清掃庭園和步道的落葉，但不管怎麼掃，葉子還是落下，沒完沒了。清掃途中也不斷落下來實在很煩。這樣打掃有意義嗎？積滿一個月再掃不是更好？」

的確，民宿和樂位於深山之中，落葉的量可比恆河的沙。打掃完畢隨即

落葉又積滿步道，永無止境地積葉成山。

遇到這種打掃完畢馬上又變髒、被弄髒的情形，就當作是**「為了擦拭乾淨，重新歸零而做」**。

我特別在意用水的地方，經常維持清潔。如果有溼氣，容易滋生黴菌，所以最後一定會以乾抹布擦拭。

和樂的研習生們曾表示在我打掃之後不好意思使用，因為被擦得滴水不沾、閃閃發亮，使用後要是濺出水珠，會覺得很抱歉。

但我說：「請盡情弄髒沒關係，我只是為了重新歸零而打掃。」

若以乾淨為目的，打掃後馬上被弄髒會生氣；但若當作是讓自己發光發亮的重設時間，無論被弄得多髒都不會動氣。

如果家裡的某位成員說：「我把洗臉檯擦得亮晶晶，別用那裡！」該怎麼辦？明明是為了讓人使用而設置的浴室、洗臉檯、廚房、廁所等，卻為了保持潔淨而不能使用，那麼為了讓家人使用而存在的空間物品會感到悲傷的。

無論是什麼樣的物品，都是因為被使用、被觸碰而閃閃發亮。被使用的物品不斷進化，沒被使用的物品則不斷退化；物品也有生命。

不善加使用、只是任其擺著，就像是買了高價的戒指，卻因「好浪費」、「會刮花」等理由而不穿戴，僅收藏在珠寶盒裡，那究竟為了什麼而買呢？讓人費解。

無論是什麼樣的東西，平時請好好地使用，用過之後藉由擦拭清掃的重新歸零時間，物品將更加增添光彩。

一億日圓在誰都不想觸碰的地方沉睡

一如前面提過，對我來說，打掃別人不想打掃的地方就像挖到寶藏似的。事實上，現在擁有真正豐裕的人，做的是別人不想做的事。以打掃來比喻的話，即是清楚知道為什麼打掃看不見的地方很重要，並加以實踐的人。

特別是經營生意的人很多都覺察到打掃與豐裕之間的關係。皇帽公司社長鍵山秀三郎先生，徒手徒腳持續打掃廁所，並成立了「清掃學習會」，現在在全國各地宣揚打掃廁所的美好。

當然打掃的目的不是為了賺錢，而是**為了擦拭自己的心、讓自己喜歡自**

己。結果，豐裕必然隨之而來。

我當初聽到這樣的話也是半信半疑，但自己確實變得豐裕，身邊的人實踐了也變得豐裕，親眼目睹這樣的現實，我現在已經確信這是宇宙法則。

其實沒什麼人知道，處理地下水、廢棄物的公司都十分富裕。因為這項工作要觸碰大家都不想觸碰的地方，為此，人們付再多錢都願意。**把汙穢的地方清洗乾淨，最能變得富裕。**

因此，我要是發現誰都不想觸碰的部分，感覺就像有一億日圓在那裡沉睡般。如果想著一億日圓睡在那裡，不管多髒的地方，大家都會爭先恐後地除汙去垢吧（笑）。

據說知名藝人、電影導演北野武先生，每次進行拍攝前一定打掃現場的廁所。年輕時，他因為師父一句「把廁所打掃乾淨」，自此逾三十年始終如一，堅持不懈地打掃廁所。在無意中，承受了在場所有人的人情牽絆（感情的沉積），自己就此變得謙虛，心也漸漸被擦拭。

對骯髒的地方感受到愛意之際，就能除去心理障礙

如果沒有確實掌握感情與打掃之間的關係，想要滿心歡喜地打掃覺得骯髒的地方，相當困難。

儘管如此，每天透過打掃，跟物品與空間對話，當作是自己一般來愛惜呵護，變得能夠愛自己，**即使不是自己的物品也能愛**。若到達這一階段，便是內在心理障礙已經大致去除的證據。

因為心理障礙並非一時半刻即可去除，請循序漸進地處理。首先，打掃自己弄髒的東西、毫無抗拒地打掃家人弄髒的東西、把手伸入馬桶打掃……

像這樣，循序漸進一步一步歷經打掃的階段，實際感受心理障礙漸漸去除。

「現在我只差一點點就能去除心理障礙了！」像這樣樂在其中地進行打掃非常重要。

就算覺得已經滿足自己，偶爾可能還是會覺得「啊，好髒」、「為什麼總是我在打掃」，當你發現這樣的自己時，**請隨時回到「滿足自己的打掃術」**。如此反覆進行，不久之後，我不是在開玩笑，你漸漸會對廁所的味道產生愛意，自己家以外的廁所也想試著去打掃，連對公眾廁所的汙垢也開始感到在意，打掃這件事將漸漸轉變為至高的享受。

第 4 章

用打掃磨練自己，
真正能改變人生的掃除術

何謂「改變人生的奇蹟掃除術」？

本書寫到這裡，對打掃的目的、關鍵、認真面對的方法、物品與空間的關係，皆以「滿足自己的打掃術」及「體貼他人的打掃術」分別進行了說明。前文種種說明的，即是我想傳達的「改變人生的奇蹟掃除術」。把這些銘記在心，本章將具體地為各位介紹打掃的方法。

不過此例僅供參考。畢竟打掃的地方是店鋪還是住家？規模多大？容納幾人？屋齡多少年？若沒有實際用眼睛確認，我無法提供適合個別案例的打掃方法。因此，這純粹只是我平時使用的打掃方法，希望大家留作參考，繼續閱讀下去。首先，我將這個掃除術總結在左頁圖表，讓我們來複習一遍。

改變人生的奇蹟掃除術

目的

並非「打掃乾淨」或「收拾整齊」，而是
磨練自己。
認可自己。

關鍵

創造自己與物品
都歡喜的空間。

流程

人的意識	物品與空間
① 抱持疑問 →	② 觸碰物品
③ 發現 →	④ 空間改變
⑤ 疙瘩消除（心理障礙去除） →	⑥ 性質改變

▼

⑦ 自我肯定感上升

改變人生的掃除術該怎麼做？

到大型家用品店等地方，會看到令人眼花撩亂的打掃用品及洗潔劑擺在架上販售，但打掃時我使用的基本上只有：

- 兩塊抹布（用水沾溼再擰乾後擦拭用，以及乾擦拭用）
- 百圓店販售的海綿
- 激落君（LEC公司）
- 鋼刷（Bonstar公司）
- 龜之子束子棕刷（龜之子束子西尾商店）

● 廚房洗潔劑（天然成分，生物可分解的中性洗潔劑）

如果經常維持乾淨，平日的打掃只需擦除髒汙，所以兩塊抹布足矣。縱使是黏附難除的汙垢，除非是油汙，否則其他以海綿及激落君幾乎都能去除。

鋼刷在擦洗不鏽鋼的物品時非常方便，所以我經常使用。藥局、超市、大型家用品店等都有販售。

雖然洗潔劑針對不同用途的種類繁多、分類精細，但主要成分其實大同小異，沒有必要按照用途分開使用，只要有洗碗用的廚房洗潔劑即可。

我選用的是微生物可分解的「椰果洗潔劑」。

無論是打掃哪裡都以同樣的方式進行

氣沉丹田

我們平時打掃的時候，無意識地反覆站著坐著，沒有特別用心留意身體。一邊打掃，一邊散清雜念或放空發呆。在無法集中精神的狀態下，即使打掃，也不會達到去除心理障礙、迷思偏見的目的。

因此，我打掃的時候特別注意氣沉丹田（肚臍下方約三指寬之處），收縮肛門、腋下，特別用心留意自己身體的狀態。如此一來，因為意識確實集中在此時、此處，氣血循環將調和改善。

在氣血循環改善的狀態下打掃，且有意識地面對自己，發光發亮的方式也將迥然不同，空氣也產生巨大變化。除此之外，清除汙垢的時候，把意識集中在手，一邊對即將出現的汙垢充滿期待，一邊進行打掃，手也不容易變得粗糙。若把意識集中在自己，則會更快出現成果，請務必一試。

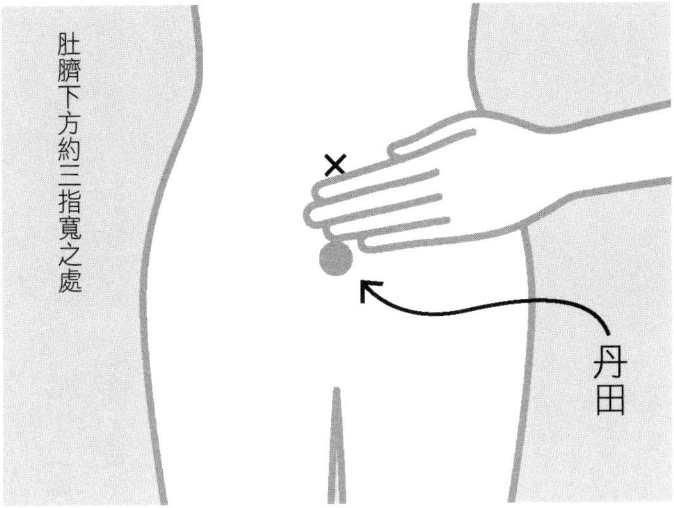

打掃前後深呼吸

打掃之前與之後，有件必做的事。即是，深深呼吸那個空間的空氣。深呼吸，也被稱為「最強的健康法」。

將氣息全部吐出之後，閉上眼睛，彷彿以鼻子品味該處的空氣般緩緩地吸氣。重複幾次之後，將會感受空氣品質的差異。

通常在打掃前，會感覺該處空氣凝結阻滯。臭味、陰暗、溼氣，難以順暢吸入體內，沉重鬱悶。

而在清除汙穢之後再呼吸空

氣，能清楚感受新鮮的空氣順暢穿透體內。

打掃和身體的吸呼很相似，吸氣吐氣，用力放力，收緊放鬆，將內部東西往外釋出。**打掃是呼吸空間，藉由身體實際去感受，進行打掃，感情更容易融入空間裡。**

好，如果一切準備就緒，就來開始打掃家裡吧。

打掃廁所的方法！馬桶是重點，把不安、恐懼都掃光

走進廁所，首先請坐在放下的馬桶蓋上，仰望天花板。然後，仔細觀察四周的牆壁。以坐著的姿態，仔細觀察有哪些地方的汙穢令人在意。

換氣扇布滿汙垢、有男性使用的情況通常牆上會殘留尿漬、洗手檯積滿水垢等等，慢慢地檢視，會發現各式各樣的汙穢。

接著站起身、轉一圈、放眼觀望，再次發現汙穢。

如果在明明看得見卻一直沒看見的部分發現汙穢，趕快動手清掃吧。由於灰塵會掉落累積在地面，所以先由上方開始打掃。要是換氣扇能夠拆下，

則拆下來將汙垢擦拭乾淨；要是不能拆除，用吸塵器吸除灰塵也可以。僅僅是這樣，廁所的空氣就大有轉變。

其次是濺到牆壁上的尿漬。基本上，以一塊用水沾溼、擰乾的抹布就能擦拭乾淨，**若使用以溫水沾溼、擰乾的抹布，比使用冷水更具殺菌效果，也比較能除臭**，推薦大家試試。以溼抹布擦拭一遍後，再以乾抹布擦拭。

洗手檯多是陶瓷，故以用水沾溼、擰乾的激落君來擦洗。如果沾洗潔劑，要把洗潔劑洗掉時，水會把周圍弄得溼答答，因此以激落君就足夠了。然後用抹布把水分擦乾。

海綿被我視為去除洗手檯下方水管及螺絲上難除汙垢的至寶。

然後是馬桶。馬桶的蓋子及四周基本上以用水沾溼、擰乾的激落君擦洗即可，蓋子最前端的部分，因為大家掀開蓋子時都會觸碰到，所以通常有手垢，和其他部分相比更容易弄髒，請稍微仔細地擦拭。

好，從這裡開始，看不見的部分將紛紛出籠。

如果是使用溫水洗淨便座（免治馬桶），溫水洗淨便座和馬桶之間會積藏尿漬，有時候這就是造成臭味的原因。因此，請試著把馬桶上的溫水洗淨便座拆下、清洗。空氣將截然不同。

即使是無法拆除的款式，也可以往前推移，更方便擦拭，請務必試著擦拭這個部分。

順便提醒大家，因為具備暖座功能的馬桶連接電源，不要用水和洗潔劑清洗。以用水沾溼、擰乾的激落君擦拭，再以用熱水沾溼、擰乾的抹布擦拭即可。

再來就是馬桶內部。馬桶內看得見的部分就算清潔，屎尿流過的積水部

廁所的換氣扇

如果能夠拆下，把蓋子拆開，清掃內部。
以用熱水沾溼、擰乾的抹布擦拭，去除灰塵，最後以乾抹布擦拭。

溫水洗淨便座（免治馬桶）

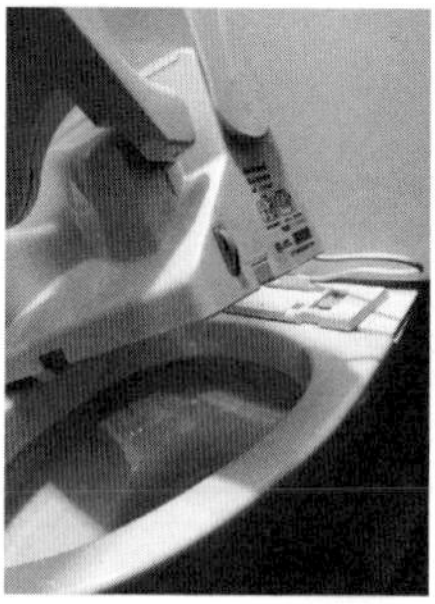

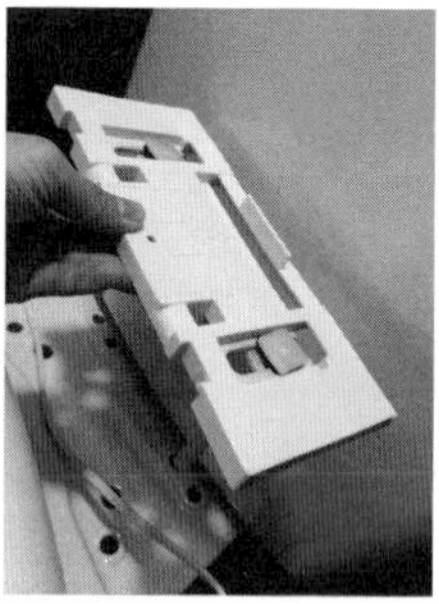

馬桶和溫水洗淨便座的交界處容易藏汙納垢，
也是造成臭味的原因，所以要經常檢查。

分的內側，其實黏附著頑固的汙垢。

住在這裡的人們的不安、恐懼、感情的糾葛等，所有阻滯不暢都塞在這裡。把這裡的汙垢去除之後，空氣將清澈得令人大吃一驚。

試著徒手伸入馬桶積水部分的內側。有許多情感上的疙瘩、住得很不舒適的房子，這部分的汙垢就像一層膜一樣，緊緊黏附著，所以要用手把這些汙垢剝掉。

我每次清掃這個部分，都把它想像成人類的腸子。腸內若有宿便，也會憋憋脹脹的不舒服吧。黏附在馬桶洞內側的汙垢正如宿便，是經年累月囤積下來的汙垢。所以，若把它剝除，就像是清除了宿便，通爽暢快。

馬桶內泛著黃斑、黏著汙垢的時候，以海綿沾洗潔劑來清洗；黏附在馬桶內的汙垢擦來擦去都擦不掉的時候，便以網狀的砂紙（網絲）來去除。

還有一個看不見的部分極具代表性，那就是溫水洗淨便座的噴水口。因為馬桶是坐著使用的設備，噴水口往外伸出的狀態從未映入眼簾，要是用手把它拉出來看看，令人震撼的汙穢將呈現眼前。

那裡恐怕因為黏附著屎塊、變成褐色了吧。尤其是排便比較稀軟的人，噴水口容易沾上糞便，導致以沾著糞便的噴水口清洗自己的屁股。

下一位使用的人也在不知情的狀況下，以沾著上一位使用者糞便的噴水口清洗自己的屁股。

因此，請單手把噴水口拉出，以用溫水沾溼、擰乾的抹布擦拭噴水口。這裡是產生溫水的部分，也連接著電源，所以請勿使用洗潔劑。

如果使用的是新型的溫水洗淨馬桶，多數具備除臭功能，要是置之不理，除臭過濾器會泛黃、積塵。若是塑膠製品則以水洗，再以吹風機完全吹乾後放回原位。除臭功能全面運轉時，空氣的流通會更加良好順暢。

除了上述部分，還有其他看不見的地方。那就是馬桶後側和牆壁之間。以一般的姿勢，手很難伸入這個部位，所以躺下來把手伸進去比較容易去除汙垢。因為狹窄，不易清掃，於是積滿灰塵、汙垢、黴菌。

請先以手去除灰塵等汙垢，再以海綿擦洗，最後以抹布擦拭。

出乎意料常被人遺忘的是馬桶刷及其容器，通常都被擱置而且十之八九都沾著汙垢。刷子的部分請用洗潔劑以手邊揉邊洗，若有灰塵，請將之去除後完全風乾。

容器的部分通常積著汙垢及水分。請以海綿及洗潔劑好好清洗，這個也要完全風乾。

透過以上種種打掃，廁所的空間肯定與打掃前彷若雲泥之別，變得舒適。一點一點進行也沒關係，請務必一試。

除臭過濾器

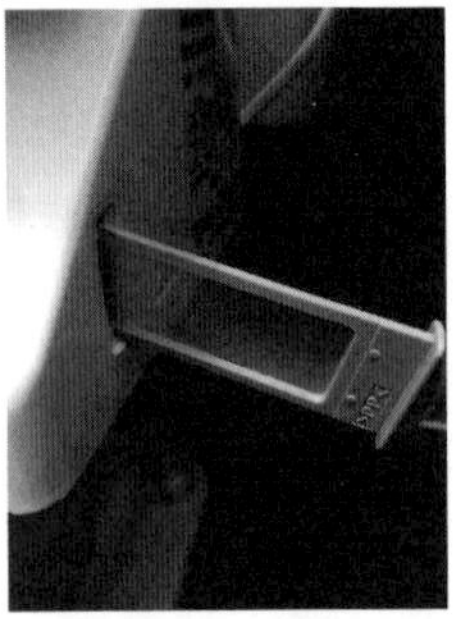

通常裝置在溫水洗淨便座的側邊，務必吹乾後再放回原位。

洗淨噴水口

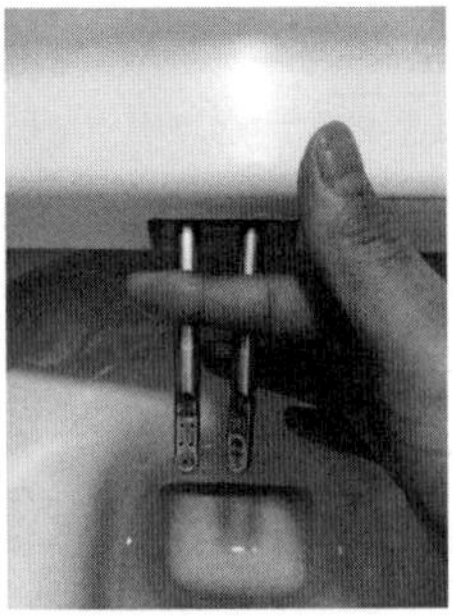

噴水口總是容易忽略。將其拉出來，去除汙垢，常保清潔。

馬桶的背面

容易囤積灰塵的地方，有時堆積了一大把，能用手整個取下。

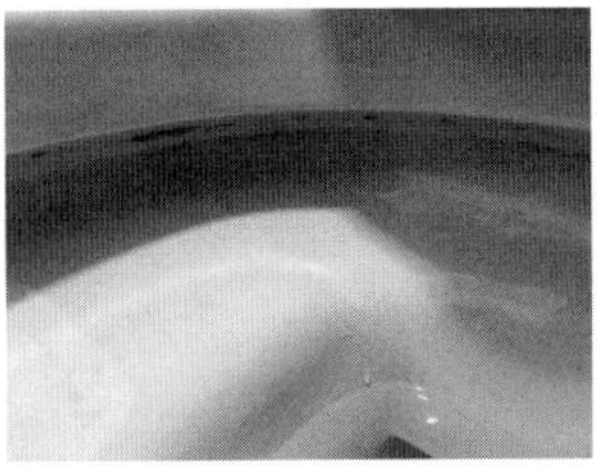

馬桶的內緣

馬桶內側的邊緣出乎意料地容易藏汙納垢，也是造成臭味的原因之一。

馬桶刷 & 容器

作為打掃用具的刷子使用後經常處在骯髒的狀態；也別忘了清掃容器。

打掃浴室的方法！特別注意排水口不要堆積汙垢

浴室和廁所一樣，都容易在看不見之處囤積汙垢。

浴室亦由上方開始打掃。

最常遺漏的部分和廁所一樣，是換氣扇。若能夠旋轉螺絲拆下，請試著拆下蓋子。蓋子沾附灰塵，灰塵會往下掉，請以乾抹布擦拭或以吸塵器吸除。蓋子則以水清洗，再擦拭乾淨。

掀開蓋子後，內部大多設有風扇，除非是專業人士，一般人很難將風扇拆下，所以用抹布擦拭即可。浴室的換氣扇若不能轉動，容易累積溼氣、滋生黴菌，所以作為出口的換氣扇必須要打掃。最後把清洗乾淨的蓋子重新裝上，僅僅是如此，空氣也將大有改善。

其次是天花板。明明看得見卻沒想過要去看，是出乎意料容易被人忽視的地方。浴室的天花板若有溼氣則會滋生黴菌，因此不以水洗，改以完全擰乾的抹布及海綿擦拭，再以乾抹布擦拭。牆壁也同樣以抹布及海綿擦拭、去除汙垢。

不過，如果是磁磚牆壁，只用抹布及海綿有時無法去除黴菌，所以改用鬃刷來刷洗。

浴室的鏡子總是霧濛濛，但是用激落君即可擦掉多數起霧的部分。雖然會因水霧狀況而異，但只要持續一星期每天擦拭，就會漸漸變為明亮無霧的鏡子。

清洗浴缸請利用海綿。雖然也有浴缸專用洗潔劑，但我建議使用洗碗的洗潔劑即可。

進入浴室先檢查哪裡囤積汙垢，大多是內側水流的部分及四個角落會留藏汙垢，把這些地方重點式以海綿擦洗，然後以水沖洗就可以了。浴缸的側面則用海綿稍微擦洗即可。

浴缸內的排水口容易被頭髮等堵塞，請每天清除堆積的垃圾。

有些浴缸的設計，前方有個稱為「圍裙」、可以整個拆下的部分，這裡也會堆積相當可觀的汙穢。不過，有些內部設有電源系統，可能的話，還是拜託專業人士比較好。

掛著淋浴蓮蓬頭底座的塑膠掛勾周圍，也要特別注意。如果放任不管，轉眼就會黴菌叢生，一旦滋生則頑固難除。只要勤懇地用海綿刷洗，然後把水擦乾，就不易變髒。

塑膠上若滋生黴菌，則難以輕易去除。不同商家雖推出多種除黴洗潔劑，但因為滋生在塑膠上的黴菌是由內部繁殖出來，必須將之連根斷除。

上網搜尋會出現用醋或蘇打粉等天然材料去除黴菌的方法，但依黴菌的種類不同，有些除得掉，也有些除不掉。

浴室的淋浴處，若沒有將肥皂、洗髮精、潤絲精等澈底沖洗乾淨，將會滋生黴菌，使用浴室後請以海綿擦拭去除，以水沖洗。每天持續進行，淋浴處將變得潔淨。

讓看不見的部分閃閃發亮固然非常重要，但看得見的部分也請一如既往地打掃。

以浴室來說，即是水龍頭。要是忽視不理，水垢越積越多，水龍頭銀色的光澤將布滿汙漬。所以，請以激落君把它擦亮，最後再以乾抹布擦拭乾淨。

因為人的視線總會往明亮的部分移動，只要水龍頭閃爍著光芒，就會讓人覺得真是窗明几淨的浴室。

然後，浴室門的把手也擦拭乾淨。這裡也很容易沾上手垢而變髒，如果是銀色系的把手，擦得閃閃發亮就可以創造清潔美觀的浴室形象。

最後是排水口，這裡是浴室裡所有汙穢的囤積處。頭髮、體垢、水垢、灰塵等等，所有的汙穢皆在此集中。

如果置之不理，溼溼黏黏如泥漿般的東西會黏附其中，浴室的空氣就變得阻滯不暢，所以要每天掀開蓋子把卡在濾髮網上的垃圾清除。

清除之後，再以海綿清洗滑滑髒髒的部分，細小的汙垢則用舊牙刷擦洗。不過這只要有時間再做就好，平時以海綿清洗後，用水沖洗即可。

此外，在濾髮網的下方，有個像杯子的筒狀物，建議把它取出，以海綿

浴室的換氣扇

如果內部也可拆下，就拆下清洗；如果不能則以吸塵器吸除灰塵。蓋子用水洗過後擦乾淨。

鏡子

鏡子容易起霧，最好每天擦拭。以激落君擦拭效果很好。

淋浴蓮蓬頭底座

淋浴蓮蓬頭的塑膠掛勾容易滋生黴菌，要特別注意。請勤奮地去除汙垢，擦拭水分。

排水口

所有汙垢堆積的地方。每天不懈地打掃，防止臭味及溼黏。

水龍頭

容易殘留肥皂和洗髮精的地方之一。打掃的最後要確保不留水分。

清洗滑滑髒髒的部分。

請每天持續清掃排水口，如此一來，浴室的空氣會變得清新怡人。總而言之，作為出口的排水口不要堆積汙垢，不能放任其溼溼黏黏，試著把這個習慣貫徹到底。

打掃廚房的方法！
藉此將感謝、療癒、希望的力量傳給家人

廚房和廁所、浴室一樣，請先從作為出口的換氣扇開始檢查。由於廚房的換氣扇混雜油垢，若放任不管，會變得油油黏黏。如果是抽油煙機，就算換了濾網，內部的風扇也很難拆下，這樣的情況下交由專業人士處理比較好。

如果是嵌在牆壁上的螺旋槳通風機，可以自行拆下清掃，把蓋子及螺旋槳拆下，以沾了洗潔劑的海綿擦洗。

冰箱上方及餐具櫥櫃上方是很多人忽視的地方。這些地方不用梯子登高

來看就看不見，尤其是沒有注意的情況下，就會布滿令人驚駭的灰塵。**不只是每年一次，請大概每週擦拭一次**。

此外，若曾煎炒及油炸，無論如何油煙都會飛散，所以可能灰塵混著油垢，變得油油膩膩。雖然冰箱有電源線路，但油垢太頑固時，可使用洗潔劑，以抹布擦拭。

若是只有灰塵的情況，以乾抹布擦拭去除灰塵。冰箱下方也積滿灰塵，如果是備有輪子的冰箱，則稍微移動去除灰塵。

如果是木製餐具櫥櫃，看不見的上方大多沒上塗料、呈現原來木材的狀態。因此，若以溼抹布擦拭，灰塵會滲入粗糙的木質表面，變得難以清除，請務必以乾抹布擦拭。去除堆積的汙穢之後，空氣將變得相當清新，可以實際感受呼吸變得順暢。

不僅如此，移動餐具櫥櫃中的餐具也效果顯著。長年使用的櫥櫃中有些很久沒用的餐具一直擺在相同位置，會堆積灰塵，所以一次把全部餐具清空後，以乾淨的抹布將櫥櫃全面擦拭。

此時，**請想像感謝、療癒、希望的力量從自己手中生出**。被有力量的手擦拭過的地方，會成為能量點，將餐具放回具有能量的櫥櫃，餐具會發出光澤。為了讓空間呼吸，取出再放回，這樣的動作能夠調整櫥櫃的空氣。

放回餐具時，請把大小相近的餐具分門別類，以方便取用的位置排列。相較於擦拭櫥櫃的玻璃，把裡面的物品取出、擦拭、放回，更能讓空氣清澈順暢。取出、放回，僅僅是這樣的動作卻極具效果。

瓦斯爐是明明看得見卻總是難以維持清潔的地方。瓦斯爐的種類五花八門，很難一概而論，如果是放在檯架上的類型，請試著把瓦斯爐的側面擦拭後，再把瓦斯爐舉起，底下堆積著相當多的汙垢。瓦斯爐的下方若是放任不顧，則會堆積燒焦的碎屑、濺出的湯汁、殘存的食材等掉落的髒汙。因此請

廚房的換氣扇

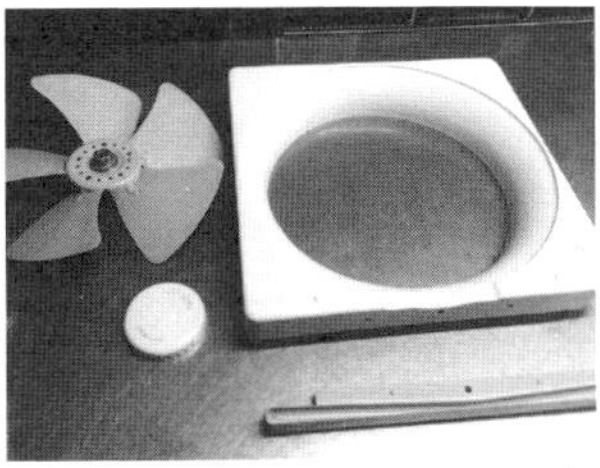

由於混雜油垢，請以沾上洗潔劑的海綿擦洗。

電器用品的上方

時時留意、檢視擺放在高處的電器用品上方。

冰箱的下方

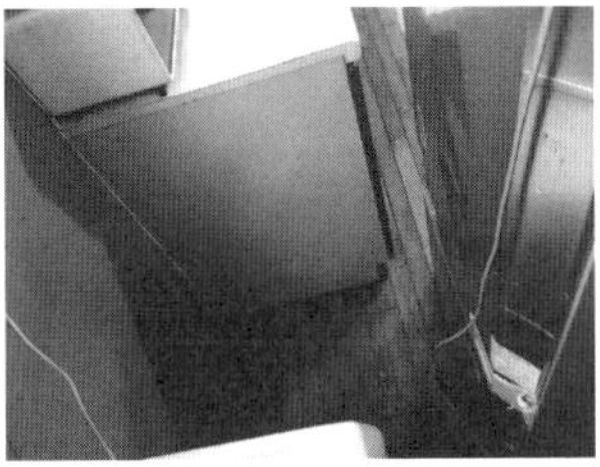

如果備有輪子，請往前拉出，擦拭、打掃內側及下方。

餐具櫥櫃的內部

僅僅是把餐具全部取出再放回，也能使空氣流通。

瓦斯爐的下方

藏有燒焦的碎屑、濺出的湯汁與調味料等，是容易遺漏的地方。

水龍頭

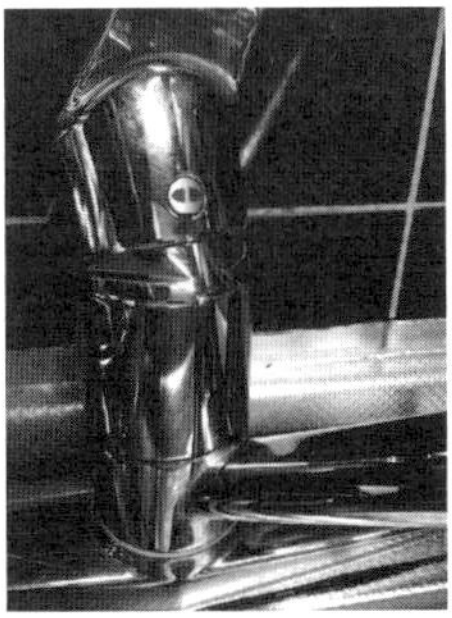

水龍頭底座可動的部分，意外地容易堆積汙垢。

將較大的垃圾及汙垢去除後，以沾了少許洗潔劑的海綿擦洗。把這裡清洗乾淨後，廚房頓感舒爽。

其次是水槽。水槽因水垢等呈現褐色的情況時，請以激落君擦洗。這樣一來，水垢去除，搖身變為亮晶晶的水槽。因為水槽的四個角經常會黏附水垢及食物殘屑，洗碗過後不妨用海綿擦洗。

水龍頭是水槽周圍經常遺漏的部分。若把手是槓桿式，也就是把手往上時出水、往下時止水或是相反的構造，由於不會特意窺望，看不到把手下方，所以往往不會想到要擦洗。這裡藏著讓人驚恐的漆黑汙垢，請以海綿好好擦拭去除，並左右轉動把手，確認沒有殘留汙垢。

水龍頭底座部分也會沾附水垢及黑色髒汙，請以激落君擦洗。另外，水龍頭後方也請留意檢視。雖然範圍窄小，但若有溝隙，就會堆積汙穢。

打掃起居室的方法！創造一家人和氣融融、心意相通的空間

起居室是家人團聚的地方，為了讓這裡成為家人和氣融融、心意相通的空間，澈底去除看不見的汙穢，十分重要。

我希望大家特別注意的地方是照明器具的燈罩。照明器具的燈罩積滿塵埃，但因為在平日的生活中看不見，經常被遺忘。然而，光線會承載感情，所以在燈罩堆積塵埃的狀態下開燈，對於照到光線的東西也會產生不好的影響。

我每次接到飲食店的打掃工作，必定打掃照明器具的燈罩。因為通常都

覆蓋著多層塵埃，於是我對店員說：「請一邊說『謝謝』，一邊去除積在燈罩的灰塵。」

堆積塵埃的狀態下，食材被映照時也感覺沉重；若以澈底去除塵埃並承載感恩之情的燈光映照食材，會顯得格外美味可口。

除了食物，其他東西在燈光映照下也有相同影響。例如：以承載了「謝謝」這般溫柔情愫的燈光照耀小孩的房間，小孩的心情會暖烘烘；以承載了感謝的燈光照亮起居室，家人就會笑呵呵。

懷著「感恩」之心情擦拭照明器具的燈罩，僅僅如此，空間也會出現戲劇性的轉變。

此外，打掃室內的角落也非常重要。室內中央是眾人聚集之處，所以塵埃靜悄悄地隱藏、堆積在角落。我們雖然知道角落積著塵埃，卻總是想「還是算了」而拖延著沒打掃。

沒有空的時候，與其打掃中央部分，不如以手用抹布擦拭一遍房間四周，這樣更能達到空氣清新的效果。

而且，**打掃角落可以畫出防止異物侵入起居室內的結界**。透過抹布以手觸碰室內角落，將該室變成能量點。

確保家中動線流暢，可以去除疲憊、避免壓力累積

置身家中，卻感到莫名疲憊、壓力累積，有可能是家具的布置擺設處在與自然流動相反的位置。

其實，對每個人來說，都有能夠輕鬆移動的動作，以及不能夠輕鬆移動的動作。比方說，洗碗之後，餐具瀝水籃若在左手邊，則較俐落應手，效率好；若在右手邊，則不順且礙手。移動物品之際，由右往左的動線比較不會造成身體的負擔。

雖然這些都是極為細小的壓力，但日積月累之下，就會心情毛躁與家人吵架、無精打采、沒有幹勁。

因此，我接到飲食店的諮詢工作時，要是發現店內擺設會消耗多餘的體力，即會提出「那臺機器的位置，反過來擺放吧」等建議，重新調整為不造成身體負擔的位置。

然後，僅僅如此，壓力便得到紓解，店員的笑容增加了、交流也融洽了。

不妨重新斟酌不讓壓力累積的家具布置吧。動作變得輕鬆，空間裡的空氣也煥然一新。

打掃玄關的方法！讓人一回家就把負面情緒留在門外

若換氣扇及排水口是出口，玄關及窗戶即是入口。無論是人或物，從外面進入家中時，都會經過玄關；而入口是看得見的部分。

在打掃浴室的段落也提過，我很重視讓看得見的部分閃閃發亮。特別是玄關，是人接觸該房子的最初面貌，讓人留下印象的地方。正因如此，得要打掃得乾淨整潔。

尤其是門把，請務必擦得閃閃發亮。門把是大家以手觸碰的地方，所以總是被手垢弄髒。要是黏黏髒髒的，每次出入都會讓人心情沮喪、士氣低落，請以激落君把它擦得亮晶晶。門把變得美觀，家中的空間也會歡喜。

玄關變得清潔，家中氣氛改善，人群漸漸聚集。關於這一點，我曾在飲食店工作時實際感受過。

當時我接到某家位於大阪的飲食店的打掃諮詢工作。該店的玄關鋪了磁磚，上面鋪了地毯。雖然有人打掃地毯的表面，卻沒人掀開地毯打掃磁磚。

於是，我每天在店員上班前，掀開地毯以掃帚清掃，再以鬃刷擦洗玄關的磁磚，然後以水沖洗，最後澈底擦乾。

我不斷重複這個作業流程，約莫一星期後，店員更添笑意，來客更加絡繹，生意更為興盛順利。

為什麼會產生這樣的現象呢？**因為透過打掃玄關，我無意間左右了人們的感情**。因為我一邊擦洗磁磚，一邊為光顧此店的客人祈願：「謝謝，好喜歡大家。」帶著這樣的意念打掃。

如此一來，首先是店員的臉上發出光澤。抵達店鋪之前，在早晨擁擠電車的搖晃下，不知不覺間被吸盡精力的店員，在踏入店內的瞬間，迎面接觸玄關清爽的空氣，變得能夠笑意盈盈地道「早安」。

我沉默不語、暗自激昂，見證了每位店員每次經過玄關都變得朝氣蓬勃的現象。

店員有元氣，即能在充滿元氣、熱血沸騰的狀態下烹調食物，縱使我沒有刻意控制，也必然會做出令人驚喜的美味佳肴。而為了享用佳肴，客人紛紛光顧，如此形成良性循環。

我為了驗證這個論點，嘗試打掃了形形色色店鋪的玄關，到目前為止，店員的關係百分之百皆會慢慢改善，營業額也節節攀升。

換言之，不只是店鋪，家中玄關打掃乾淨，從外頭回家時也不會被負面情緒拖累，變得能夠心情愉悅地說：「我回來了！」且笑逐顏開。因此，與家人的關係將變得溫馨和樂。

打掃玄關，是增加關愛的行為。改變負面空氣，喜悅的空氣便能夠包圍住在這個家中的人。

除此之外，不將物品擺在入口處也很重要。玄關堆積紙箱、信箱塞滿郵件、窗前擺放家具，因為入口被阻塞，好的事物也進不來。

而且不知不覺間，住在這裡的人也會覺得「好像有點礙手礙腳」，日積月累下鬱悶爆發，家裡的氣氛也會變壞。所以，請務必注意不要將物品擺在入口處。

打掃垃圾桶的方法！最容易產生的盲點卻是關鍵所在

打掃家裡時容易遺漏垃圾桶。雖然垃圾桶不像排水口那樣與外面連結，但垃圾桶是丟棄不需要物品之處，所以是名副其實的出口。

即使經常被人認為反正是丟棄髒東西的地方，髒也沒關係，但正因為如此，把覺得骯髒的地方打掃乾淨，美好的事將會發生。大多數人都沒發現，**打掃垃圾桶，是獲得幸福的重要途徑**。

每次接到飲食店的諮詢工作，我必定會檢視垃圾桶。飲食店廚房的垃圾桶，由於經常用油，所以黏稠油膩，十分骯髒。誰都不想清洗垃圾桶，想當然耳，內部也臭氣薰天。

於是，我在店面打烊、店員都回家之後，把垃圾桶的垃圾清出，以溫水稍微沖洗，再以沾了洗潔劑的海綿輕輕擦洗內部和外部，最後以抹布擦拭。

翌日，到店裡上班的員工們問道：「咦？換了新的垃圾桶？」我答道：「不是，只是把一直在用的垃圾桶擦洗過。」僅僅如此，店員們對垃圾桶骯髒的印象就有了變化。

垃圾桶不是髒東西，這樣的印象形成後，大家使用時都不把它弄髒。不過，要形成垃圾桶必須「乾淨地使用」的印象，可能需時三個月。在形成之前，難得清洗乾淨的垃圾桶，會再度被隨意扔入髒垃圾、回到原來的狀態。儘管如此，也要堅持不放棄地將垃圾桶清洗乾淨。

畢竟「垃圾桶＝髒汙」是深植人心的印象，因此，持之以恆地努力是必要的。

如此經過約莫三個月，大家的心裡皆萌生種種「發現」，一直以來「垃圾桶即骯髒」這樣的刻板印象瓦解，從此無論看到多髒的東西也不覺得髒，對骯髒的抗拒感也漸漸減少。

然後，感情的疙瘩也會漸漸減少，過往沒有好感的人也看起來和藹可親等等，漸漸變得從正面看待事物。

你家中的垃圾桶是怎樣的狀態呢？房間的垃圾桶、廚房的垃圾桶、丟廚餘的垃圾桶等，如果有髒汙的垃圾桶，請務必清洗乾淨。「乾淨的垃圾桶是理所當然」的概念形成後，就會改成以不弄髒垃圾桶的方式扔垃圾，空間也會歡喜。

後記

你正覺得百無聊賴的今日，
是昨日逝世的人
千方百計想要度過的；
即使用盡千方百計都想要度過的
今日。

這是我非常喜歡的翡翠小太郎先生，在著作《三秒變快樂的名言處方》（3秒でハッピ―になる名言セラピ―）中寫的一段話。

毋庸置疑，我們選擇了雙親，出生到這個世界上。想要什麼樣的生活方式，也是自己選擇的。因為是自己選擇的，所以沒有所謂的好與壞，一切對你而言都是恰恰好。

如果，你現在感覺人生不如己願，請試著把朝外的箭頭，轉過來對著自己。你怨嘆：「人生不如願。」並非他人的錯。自己人生中的阻礙，大多是自己的所作所為。

人生不順遂的原因，請往自己的內在探索。

覺得這樣就好嗎？自己是不是日復一日、得過且過？

今天一整天是否度過無怨無悔的時光？

持續抱持這樣的「疑問」，自然會找到「答案」。

我覺得，打掃是面對自己人生的最佳方法之一。

藉由打掃看不見的部分，自己從未想過要正視的心結也隨之消除。

藉由打掃誰都覺得厭惡的地方，自己厭惡自己的部分也隨之消除。

透過打掃面對自己，能夠感覺「做自己就好」，進而對他人也能夠感覺「你做你自己就好」；打掃擁有如此的力量。

以「人生」來思考，雖然感覺無比漫長，但人生其實是一日又一日的「今天」累積而成。假設你現在四十歲，之後能再活四十年，則剩下一萬四千六百天；若剩下的人生是三十年，則是一萬九百五十天；若剩下的人生是二十年，則是七千三百天。

是長，抑或是短？每個人的感受不一，無論如何都是有期限的。我每日進行活動，但願自己能夠協助大家在有限的時間內，燦爛精采地活出自我。

打掃，不是瑣碎的雜事。

請把「打掃是虛擲光陰」這種成見完全捨棄。

請懷抱「打掃是對自己人生影響深遠的行動」的認知。敷衍草率地打掃，即是對自己敷衍草率；認真用心地打掃，即是以認真用心的方式生活；這正是「鏡子法則」。

若希望過幸福快樂的人生，就不要以敷衍態度對待每個「今天」。為了珍惜每個今天而生活，則要面對每個「當下」。並非未來，亦非過去，當下三秒，請試著用心擦拭腳下的地板；這即是面對當下。乍看之下，或許是又平凡又麻煩的行為，但是一心一意專注在這些瑣細零碎「理所當然」的事上，才是所謂的人生，不是嗎？

每個當下，真摯誠懇地面對眼前的物、事、人、空間。

此即是人生，而打掃，亦是如此。

祝福大家今後的人生，都能過得稱心如意、無限美好。

一起來　好 014

看不見的更重要：
面對恐懼、消除不安，改變四萬人的奇蹟掃除術

ぞうきん1枚で人生が輝くそうじ力

作者	船越耕太
譯者	櫻井心
責任編輯	楊惠琪
行銷企畫	蔡欣育
校對	余純菁
總編輯	陳旭華
社長	郭重興
發行人兼出版總監	曾大福

編輯出版	一起來出版
發行	遠足文化事業有限公司
	www.bookrep.com.tw
地址	23141新北市新店區民權路108-2號9樓
電話	02-22181417
傳真	02-88671065
郵撥帳號	19504465
戶名	遠足文化事業股份有限公司
法律顧問	華洋國際專利商標事務所 蘇文生律師

初版一刷	2017年8月
定價	300元

國家圖書館出版品預行編目（CIP）

看不見的更重要：面對恐懼、消除不安，改變四萬人的奇蹟掃除術/ 船越耕太著；
櫻井心譯. -- 初版. -- 新北市：一起來出版：遠足文化發行, 2017.08
面；　公分. -- (一起來　好；014)
譯自 :ぞうきん1枚で人生が輝くそうじ力
ISBN 978-986-94606-2-0(平裝)

1.1.生活指導

177.2　　106008599